UN GRAND
week-end

ROME

ROME

La Ville Éternelle est pleine de promesses : des ruelles colorées, des vestiges antiques, des fontaines sculpturales, des églises innombrables, des parcs pour le farniente, des *trattorie* pour se régaler, des terrasses pour papoter et des *gelaterie* pour satisfaire sa gourmandise... Mais Rome ne peut se réduire à cette carte postale. Depuis plus de dix ans, la ville va de l'avant : elle réhabilite son patrimoine, se modernise grâce à des architectes renommés. Un Grand Week-end vous ouvre les portes de la capitale italienne, entre tradition et avant-garde.

Notre auteur, **Lucie Tournebize**, est tombée sous le charme de la Ville Éternelle lors de ses études à Rome. Depuis, elle raconte l'Italie qu'elle aime sur son blog (occhiodilucie.com). Sous les pins parasols, le long des voies romaines, du haut des collines ou auprès des fontaines, elle a arpenté la ville de part en part pour dénicher les meilleures adresses et les partager dans ce guide.

Notre photographe, **Yoann Stoeckel**, vit entre Paris et New York, quand il n'est pas dans un avion à destination de son prochain lieu de reportage. Il a arpenté Rome pour photographier les adresses de ce guide. Sensible à la poésie du réel, Yoann tend à transformer des instants de vie en éléments cinématographiques.

Un Grand Week-end sur les réseaux sociaux

Suivez-nous sur *Facebook*, *Twitter* et *Instagram* **@Ungrandweekend**

Vous y trouverez nos photos coups de cœur, nos expériences uniques et surtout une réponse personnalisée à toutes vos questions.

Et si vous y contribuiez ? Nous aimons beaucoup voir nos guides en voyage : postez une photo de votre guide en situation et taguez-nous, nous partagerons les plus belles et récompenserons régulièrement les plus appréciées.

Les incontournables
DE ROME

COLISÉE

Le monument le plus impressionnant de toute la Rome antique ! Ce géant, avec ses 57 m de haut et ses 527 m de circonférence, a résisté aux tremblements de terre et aux pilleurs qui n'hésitèrent pas à réutiliser ses pierres pour construire d'autres palais... Voir p. 33.

FONTAINE DE TREVI

Plus qu'une fontaine, c'est une véritable façade de palais d'où surgissent Neptune et ses chars. L'eau ruisselle en cascade vers la vasque tandis que les visiteurs sacrifient à la coutume en y jetant une pièce, dos tourné au bassin. Voir p. 79.

FORUM ROMAIN

À côté du Colisée, sur un marché asséché, s'érigeait le Forum romain. Le cœur de la vie publique était couvert d'édifices concentrant les forces politiques, religieuses et économiques. Aujourd'hui, on plonge dans son histoire en découvrant ses vestiges. Voir p. 29.

BASILIQUE SAINT-PIERRE

Le plus petit État du monde, le Vatican, abrite sur son territoire la plus grande basilique de la chrétienté. Élevées à la gloire de Dieu, la Basilica di San Pietro et la place qui lui sert d'écrin symbolisent certainement le mieux la cité papale. Voir p. 92.

PANTHÉON

Depuis que l'empereur Hadrien l'a refait à neuf en 125, le Panthéon dresse sa masse imposante et ses colonnes doriques sur la piazza della Rotonda. À l'intérieur, le regard est happé par son impressionnant dôme percé d'un oculus, véritable ouverture de lumière. Voir p. 39.

PIAZZA NAVONA

La place la plus emblématique du centre de Rome n'a rien perdu de sa magie, animée par les artistes de rue. Son architecture et ses trois fontaines monumentales composent l'un des plus beaux ensembles de l'art baroque. Voir p. 45.

CHAPELLE SIXTINE ET MUSÉES DU VATICAN

À travers les salles somptueuses des Musei Vaticani, effectuez un voyage dans l'histoire de l'art, de la Grèce antique à Raphaël puis Matisse. À la fin de la visite, la chapelle Sixtine dévoile tout le génie de Michel-Ange et des artistes de la Renaissance. Voir p. 94.

PIAZZA DI SPAGNA

Le charme de cette place tient à son gigantesque escalier, la *Scalinata*, qui la relie à l'église de la Trinité-des-Monts. Constitué de 138 marches en marbre sur trois niveaux, il est l'un des points de rencontre favoris des Romains. Voir p. 69.

VILLA ET GALLERIA BORGHESE

Un parc en forme de cœur au centre de Rome semé de fontaines et de pins parasols. Entrez dans sa Villa où reposent les chefs-d'œuvre d'artistes immenses comme le Caravage ou le Bernin. Voir p. 73.

BASILICA SAN CLEMENTE

Rome est un mille-feuille où chaque couche raconte une période de l'Histoire. La basilique San Clemente, construite au XIIe s. sur des édifices antiques, est un symbole de cette stratification unique et offre un voyage dans l'histoire urbaine de la ville. Voir p. 120.

PALAZZO MASSIMO ALLE TERME

Quatre étages pour décliner les trésors du Musée national romain ne suffisent pas à lasser le visiteur. Mosaïques merveilleuses, sarcophages sculptés, chambres peintes, bustes d'empereurs... la plus riche collection d'Italie dédiée à l'art romain. Voir p. 89.

MAXXI

Musée dédié au XXIe s., c'est un lieu dynamique ou sciences, arts et technologies se rencontrent. Parcourez son architecture ébouriffante faite d'escaliers noirs qui serpentent d'une galerie à l'autre dans un univers fluide, surgi de l'imagination de Zaha Hadid. Voir p. 66.

MUSÉES DU CAPITOLE ET CENTRALE MONTEMARTINI

Deux cadres radicalement différents où admirer de délicates statues antiques. Le premier offre l'écrin de belles salles édifiées au XIVe s., tandis que le second oppose le blanc des marbres au noir des machines d'une ancienne centrale électrique. Voir p. 25 et p. 117.

TRASTEVERE

Littéralement « de l'autre côté du Tibre », ce quartier immergé dans le vert de grandes vignes vierges ne manque ni d'églises, ni de fontaines, ni de belles façades ocre. Une balade délicieusement romaine. Voir p. 102.

10 expériences UNIQUES

PRENDRE DE LA HAUTEUR DANS LES JARDINS

Sept collines et une foule de jardins pour se promener en contemplant les toits de la ville. Sur les hauteurs du Pincio ou dans les jardins de la villa Aldobrandini (photo et p. 83), l'ambiance est romantique, surtout au crépuscule. Voir aussi notre top des plus beaux points de vue p. 99.

TESTER LES JEUDIS DE LA VILLA MÉDICIS

Écouter une conférence, assister à un concert ou à une performance de danse, c'est le programme que proposent chaque jeudi les pensionnaires de l'Académie de France, dans le cadre prestigieux de la Villa Médicis (p. 68).

S'ACCOUDER AU BAR DE LA TAZZA D'ORO

Vivez l'ambiance bouillonnante d'un café romain au matin, avec les éclats de conversations et l'arôme robuste d'un espresso italien. La Tazza d'Oro, à deux pas du Panthéon, est une institution, et on peut aussi emporter son café (p. 132).

FOULER LE SOL MYTHIQUE DE CINECITTÀ

Quo Vadis, *Ben-Hur* et les plus grands films de Fellini furent tournés ici. On se sent tout petit en arpentant les reconstitutions de la Rome antique ou de la Florence médiévale (p. 124).

CONJUGUER PASSÉ ET PRÉSENT SUR LES MARCHÉS DE TRAJAN...

... où vous aurez la surprise de découvrir des œuvres d'art contemporain entre les colonnes antiques ou dans les anciennes échoppes des marchands romains (p. 34).

GOÛTER À LA STREET FOOD DANS LE TESTACCIO

D'un stand à l'autre, faites provision de saucissons, fromages, *pizzette*, *supplì*, smoothies... avant de déguster le tout sur l'une des tables communes rassemblées au centre de ce marché récemment rénové (p. 114).

PASSER UNE SOIRÉE À LA ROMAINE AU PIGNETO

Rejoignez la faune nocturne dans les rues du Pigneto, où l'on va de bar en restaurant, de l'*aperitivo* jusqu'au bout de la nuit. Une ambiance village-bohème, avec ses petites maisons, qui surprend dans la capitale (p. 180).

MÉDITER DANS LE CLOÎTRE DE BRAMANTE

Asseyez-vous sur l'un des bancs en pierre du 1er étage offrant une vue plongeante sur la cour intérieure. Commandez un verre et laissez-vous aller à vos rêveries... (p. 48).

DÉCOUVRIR GARBATELLA À VESPA...

... sur les traces de Nanni Moretti. Qui n'a pas envié ses balades à scooter en regardant *Journal intime* ? Revivez ses déambulations à travers les ruelles de Garbatella, un quartier paisible et familial bordé de maisons colorées (p. 118).

PLONGER DANS L'HISTOIRE DES FORUMS...

... casque sur les oreilles ! La balade vous immerge dans une reconstitution de l'histoire des forums, avec projection d'images et de vidéos géantes sur les parois des temples (p. 29).

Activités
100 % ROMAINES

PRENDRE LE VERT SUR LA VIA APPIA ANTICA

Accompagné de Sergio, Anna ou Claudio, **pédalez** sur une antique voie romaine où, en 312 av. J.-C., passaient les chars... Au sud de la ville, c'est déjà la **campagne !** Au milieu des mausolées et jusqu'à l'ancien aqueduc romain, la balade est bucolique **(p. 111)**.

DÎNER EN MUSIQUE À BORD DU TRAMJAZZ

Un voyage **au son de la musique jazz,** avec pour toile de fond les monuments de Rome. De 21h à minuit, on dîne en petit comité à bord de ce **tram datant de 1928** transformé en salle à manger. Du nord de la ville avec ses villas cossues jusqu'au Colisée, une soirée absolument hors du temps !

www.tramjazz.com

S'INVITER À MANGER CHEZ LES ROMAINS

Pour entrer dans le cœur de l'identité de la ville, il faut s'asseoir à table avec les Romains. Ceci est possible grâce aux **Cesarine, un concept de repas chez l'habitant,** où l'on peut aussi prendre part à la préparation des mets. Un moment de partage et de découverte des recettes traditionnelles. **www.cesarine.it**

SE PROMENER EN BARQUE À LA VILLA BORGHESE

Les Romains aiment venir **en amoureux** pour une promenade romantique sur les eaux de ce petit lac **au cœur du parc de la Villa Borghese.** Surmontée par le temple d'Esculape, la balade est l'occasion de réaliser de **beaux clichés,** entre roseaux et canetons **(p. 73)**.

SE LA COULER DOUCE

Au cœur du Ghetto, le **AquaMadre** recrée en plus petit l'ambiance d'un **complexe thermal antique.** Tel un citoyen de la Rome impériale, détendez-vous en passant du *caldarium* au *tiepidarium* puis au *frigidarium* (soit du chaud au froid), avant de refaire le parcours en sens inverse. Sous les arches en brique ou dans les vasques de pierre, on goûte un bien-être séculaire... **www.acquamadre.it**

Un grand week-end SUR MESURE

Première fois à Rome ?

Nous avons découpé la ville en 16 quartiers. Évidemment, en trois jours, vous ne pourrez pas faire toutes ces balades. Alors suivez notre programme pour voir l'essentiel et prendre le pouls de la ville, et à vous de voir si vous voulez remplacer telle visite par une autre en fonction de vos centres d'intérêt…

PREMIER JOUR

➥ Mettez-vous au rythme de la ville en sirotant un café sur le charmant Campo de' Fiori (quartier 5), avant de sillonner les ruelles du centre historique vers l'incontournable piazza Navona (quartier 4) et de découvrir le fameux oculus du Panthéon (quartier 3). Déjeunez en terrasse à l'Osteria delle Coppelle (p. 134), sur la tranquille place éponyme.

Piazza Navona

Campo de' Fiori

➥ L'après-midi, poursuivez votre balade vers la fontaine de Trevi (quartier 9). Ne manquez pas de déguster une glace chez San Crispino (p. 80) et dirigez-vous vers la piazza di Spagna et l'église de La Trinité-des-Monts (quartier 7). Profitez d'un des plus beaux panoramas de Rome et, s'il vous reste des forces, grimpez au Pincio avant

Forum romain

de rejoindre l'église Santa Maria del Popolo.

DEUXIÈME JOUR

➡ Au programme, immersion dans la Rome antique (quartiers 1 et 2). Admirez la place du Capitole et ses musées avant de descendre vers les forums romains et impériaux, et le Palatin. En fin d'après-midi, allez au Colisée pour une visite des souterrains au belvédère.

➡ Passez la soirée dans le quartier du Ghetto, admirez la jolie Fontana delle Tartarughe, puis filez le long de la via del Portico di Ottavia jusqu'à la ravissante Isola Tiberina. Là, chez Sora Lella (p. 140), vous goûterez les délicieuses *polpettine nonna* Lella (boulettes de viande au parmesan).

TROISIÈME JOUR

➡ Direction le Vatican (quartier 12) avec la basilique Saint-Pierre et les musées du Vatican (dont la chapelle Sixtine). La visite des musées se réserve.

➡ En fin de journée, partez vers le Trastevere (quartier 13) et choisissez un des nombreux restaurants du quartier pour dîner. Notre coup de cœur : Roma Sparita, pour ses spaghettis servis directement dans un bol en parmesan (p. 149).

NOS CONSEILS DE VISITE

➡ Si vous avez un jour de plus, ne manquez pas la visite de la Villa Borghese (jardin et musées, quartier 8).

➡ En haute saison, réservez toutes vos visites et vos restos.

Déjà venu ?

Vous connaissez déjà les incontournables de Rome ? Laissez-vous guider par votre curiosité et explorez un autre visage de la ville.

Testaccio

TESTACCIO ET OSTIENSE (QUARTIER 15)

Situés au sud de la ville, sur la rive est du Tevere (Tibre), le Testaccio et l'Ostiense sont d'anciens quartiers industriels dont le patrimoine architectural est peu à peu reconverti en lieux culturels comme en atteste, par exemple, la Centrale Montemartini. Ces secteurs sont aussi l'épicentre des nuits romaines, tout comme le Pigneto (p. 180), avec des dizaines de clubs en tout genre.

JANICULE (QUARTIER 13)

Pour grimper au sommet du Gianicolo, empruntez le chemin de croix qui passe devant le merveilleux Tempietto del Bramante. Une pause pour souffler devant la Fontana dell'Acqua Paola, gigantesque bassin en portique, avant d'atteindre le sommet : vous voilà face à une romantique promenade au-dessus de la ville, d'où vous pourrez reconnaître la silhouette du Panthéon ou de la Villa Médicis.

VIA APPIA ANTICA
(QUARTIER 14)

La voie Appienne, qui reliait Rome à Brindisi, file droit dans la campagne. Autour, on enterrait les morts, d'où les nombreuses catacombes, comme celles de San Calisto et ses 20 km de galeries souterraines. Un enchevêtrement d'époques à admirer dans le complexe de la Tomba di Cecilia Metella, monument funéraire du Ier s. av. J.-C. plus tard intégré à un château médiéval.

MONTI (QUARTIER 10)

Elle est loin l'époque de la Suburra, nom porté par ce quartier pauvre et malfamé durant l'Antiquité. Monti est aujourd'hui l'une des plus agréables collines de Rome, connue pour ses ruelles aux couleurs pastel, ses places où l'on vient discuter, ses façades envahies de verdure… et ses boutiques de créateurs ultra-tendance.

Monti

Via Appia Antica

Fêtes & FESTIVALS

Janvier

Befana
Durant la nuit du 5 au 6 janvier, la Befana (une sorcière) distribue des bonbons aux gentils chérubins... et du charbon aux vilains !

Février

Carnevale
Défilés en costume dans la ville et dégustation de beignets la semaine précédant le Carême.

Mars

Pâques
Le Vendredi saint, le pape préside le chemin de croix du Colosseo au Palatino. Le dimanche de Pâques, il prononce sa bénédiction *urbi et orbi* piazza di San Pietro.

Avril

Marathon de Rome
42 km de course à travers la ville.
www.runromethemarathon.com

Mostra delle Azalee
La *Scalinata* de la Trinità dei Monti se couvre de plus de 600 azalées en fleur pour fêter l'arrivée du printemps.

Natale di Roma
Le 21 avril, on célèbre la fondation de la ville par Romulus en 753 av. J.-C. Illumination du Capitole et feux d'artifice sur le Tibre.

Avril-Juin

Festival di Pasqua
Concerts de musique sacrée dans les églises de la ville de mi-avril à début juin.
www.festivaldipasqua.org

Mai

Primo Maggio
Concert de rock gratuit place San Giovanni in Laterano pour fêter le 1er mai.
www.primomaggio.net

Concorso Ippico Piazza di Siena
Grand concours hippique au cœur de la Villa Borghese.
www.piazzadisiena.it

Juin

Festa della Repubblica
Le 2 juin, défilés militaires de la via dei Fori Imperiali à la piazza Venezia.

Roma Pride
La Gay Pride de Rome défile en partant de la piazza della Repubblica jusqu'à la piazza San Giovanni.
www.romapride.it

Juin-Juillet

Trastevere Rione del Cinema
Soixante jours de projections gratuites et en plein air, notamment sur la piazza San Cosimato reconvertie pour l'occasion en véritable salle de cinéma sous les étoiles. Séances de 21h à minuit.
https://ilcinemainpiazza.it

Juin-Août

Festival l'Isola di Roma
Festival de cinéma en plein air, niché sur les berges de la petite île Tiberina.
www.isoladelcinema.com

¡Fiesta!
Concerts de musique latino au Parco Rosati, à l'intérieur du Parco del Turismo dans le quartier de l'E.U.R.
Facebook : @fiestaroma

Rock in Roma
Festival rock de Rome à l'hippodrome de Capannelle.
www.rockinroma.com

Lungo Il Tevere
Les berges du Tibre s'animent pour accueillir durant tout l'été des bars et restaurants éphémères, des concerts et des spectacles en tout genre.
www.lungoiltevereroma.it

Juin-Septembre

Estate Romana
Durant tout l'été, la ville propose de nombreux événements : théâtre, concerts, opéra, cinéma en plein air, etc.
www.estateromana.comune.roma.it

Gay Village
Festival gay : concerts, cinéma, théâtre, DJ, etc.
instagram : @gayvillageroma

Juillet

Festa de' Noantri
Deux semaines de festivités « populaires » dans le Trastevere.
www.festadenoantri.it

Juillet-Août

I Concerti Nel Parco
Festival de jazz organisé par la Casa del Jazz regroupant les plus grands artistes internationaux au sein du parc de la villa Osio.
www.iconcertinelparco.it

Teatro dell'Opera
L'été, l'Opéra de Rome s'installe dans les Terme di Caracalla.
www.operaroma.it

Août

Festa della Madonna della Neve
Le 5 août, messe et pluie de pétales de roses dans la basilica di Santa Maria Maggiore en souvenir d'une chute de neige miraculeuse au IVe s.

Sept.-Novembre

Romaeuropa Festival
Festival des arts contemporains qui se prolonge jusqu'en décembre : opéra, théâtre, danse, etc.
www.romaeuropa.net

Octobre

Festa del Cinema di Roma
Le cinéma international est à l'honneur dans plusieurs salles de la ville.
www.romacinemafest.it

Novembre

Roma Independant Film Festival
Plus de 80 films internationaux sont projetés dans les théâtres et les cinémas les plus célèbres de la ville pour ce festival du film indépendant.
www.riff.it

Festival Internazionale di Musica e Arte Sacra
Concerts de musique sacrée dans les principales basiliques de la ville.
www.fondazionepromomusicaeartesacra.org

Roma Jazz Festival
Une riche programmation internationale à l'auditorium Parco della Musica.
www.romajazzfestival.it

Décembre

Messe de minuit
Le 25 décembre à la basilique Saint-Pierre et dans la plupart,des églises de Rome.

San Silvestro
La nuit du 31 décembre, concerts et feux d'artifice piazza del Popolo.

Visites

PAR QUARTIER

Monument à Victor-Emmanuel II

À SAVOIR

INFOS COVID-19

Toutes les informations de ce guide ont été scrupuleusement actualisées. Néanmoins, compte tenu du contexte sanitaire, de nombreux sites sont amenés à restreindre leurs horaires d'ouverture, parfois à fermer l'accès à certaines salles ou à suspendre provisoirement démonstrations ou activités. Les consignes évoluent régulièrement. Nous vous recommandons de vérifier les horaires et conditions de visite de chaque lieu et adresse sur leur site internet ou leur page Facebook. Par ailleurs, de nombreux musées demandent de réserver la visite.

VISITER ROME

Nous avons découpé la ville en **16 quartiers** que vous pouvez tous visiter à pied. Chacun d'entre eux présente une particularité de Rome, que ce soit au niveau de ses sites touristiques ou de son art de vivre. Certains sont plus axés sur **l'archéologie** (quartiers 2 et 14), d'autres sur **les musées** (quartier 8), d'autres encore sur **le shopping** (quartiers 7 et 10) ou sur **la vie nocturne** (quartiers 13, 15 et Pigneto, p. 180). Sans oublier **le Vatican** (quartier 12) qui est, à lui seul, un État dans la ville.

LIRE LES CARTES

Chaque visite est accompagnée d'un plan détaillé sur lequel nous avons placé tous les **points d'intérêt** du quartier. Les **pastilles de couleur** indiquent nos bonnes adresses de **restos,** de **bars** et de **boutiques.** Le numéro de la pastille colorée correspond à celui attribué à chacune des adresses. Reportez-vous au chapitre concerné pour lire la notice de l'établissement.

SE DÉPLACER

Pour aller d'un quartier à l'autre, vous pouvez emprunter le métro (peu étendu), le tramway (sur certains parcours) ou le bus dont le réseau couvre la totalité de la ville. Les plans des bus sont parfois difficiles à lire, nous vous conseillons d'utiliser l'application gratuite Roma Bus pour vous y retrouver. Mais l'idéal pour découvrir l'âme de la ville, c'est encore de la parcourir **à pied.**

Parco Savello - Giardino degli Aranci

NOS CONSEILS DE RÉSERVATION ET DE VISITES

Il est obligatoire de **réserver vos billets** pour visiter la **Galleria Borghese** (p. 74). C'est également fortement conseillé pour les **musées du Vatican** (p. 94) ou **les forums** (p. 20). Les *open tickets* vous permettent de vous laisser un peu de souplesse sur votre programme sans bloquer une date ou un créneau horaire particuliers.

Il existe des **cartes** (p. 217) regroupant les visites de plusieurs sites et permettant de bénéficier de **tarifs préférentiels.** Notez également le **billet combiné Forum romain + Colisée + Palatin** vous permettant de visiter chacun des trois sites pendant 24 heures (p. 218).

À noter que tous les sites et musées gérés par l'État sont **gratuits le premier dimanche du mois**. Dans le cadre du jumelage Paris-Rome, certains sites sont également gratuits **toute l'année** pour les Parisiens (p. 217).

Programmez enfin les visites du Colisée et du Forum romain **tôt le matin** ou en fin d'après-midi ; vous éviterez ainsi la foule et les fortes chaleurs d'été. De même, vous devrez arriver très tôt pour visiter la chapelle Sixtine.

1 Le Capitole, CAPITALE DU MONDE ANTIQUE

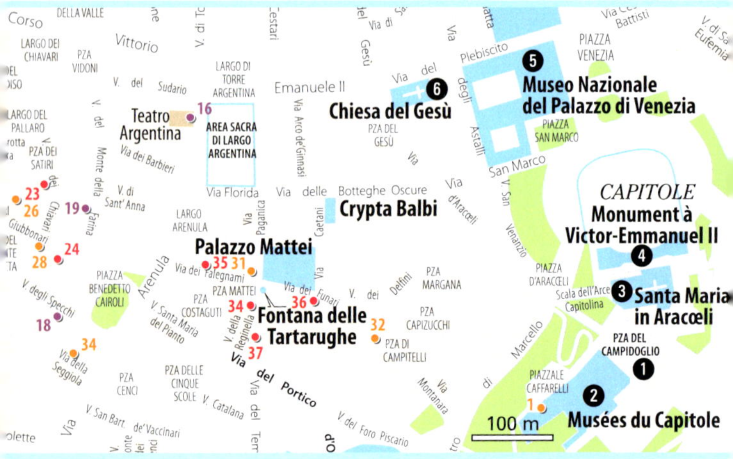

La plus symbolique des collines romaines, dite *Caput mundi*, la « capitale du monde », est un joyau qui a traversé les siècles. Au sommet, le temple de Jupiter, jadis au cœur de la vie religieuse de la Rome républicaine, est aujourd'hui remplacé par une place précieuse, réalisée par Michel-Ange. De là, la vue sur le Forum romain ou le Teatro Marcello est saisissante.

❶ PIAZZA DEL CAMPIDOGLIO★★★

Place du Capitole

On accède au plus beau décor de Rome par la Cordonata, escalier gardé par les statues de Castor et Pollux. Commencé en 1546 mais achevé un siècle plus tard, cet ensemble architectural fut conçu par Michel-Ange à la demande de Paul III. Le jeu des perspectives créé par l'ovale du dallage et le plan trapézoïdal donnent à cette place exiguë, bordée de trois palais, grandeur et équilibre. Au centre trône la statue de Marc Aurèle, dont l'original se trouve aux musées du Capitole.

❷ MUSÉES DU CAPITOLE★★★

Musei Capitolini

Inauguré en 1734, le plus vieux musée public au monde réunit les collections d'art léguées par les papes à la ville depuis le XVe s. Réparties entre le palazzo dei Conservatori et le palazzo Nuovo, elles comprennent de superbes bronzes et sculptures antiques ainsi que de nombreux chefs-d'œuvre picturaux. On y admire la statue équestre originale de Marc Aurèle, certainement le bronze le plus célèbre du monde antique.

Palazzo dei Conservatori

C'est dans ce palais qu'avaient lieu les délibérations du conseil municipal au Moyen Âge. Dans la cour, mesurez-vous au gigantisme de la tête et de la main d'une statue de Constantin qui devait faire 12 m de haut.

Rejoignez ensuite les salles d'apparat au 1er étage qui abritent le *Tireur d'épine* (bronze du Ier s. av. J.-C.), la *Tête de Méduse* du Bernin ou encore la *Diane d'Éphèse*. C'est dans l'exèdre de Marc Aurèle, où trône la statue équestre de l'empereur (IIe s.), que se trouve la célèbre Louve, bronze étrusque illustrant le mythe de la fondation de Rome par Romulus et Remus. Les jumeaux sont un ajout de la Renaissance.

La pinacothèque

Au 2e étage du palais des Conservateurs se trouvent les collections de peintures (XVe-XVIIIe s.) et de porcelaines. Parmi les œuvres de Titien, Véronèse, Carrache et du Guerchin, ne manquez pas le *Saint Jean-Baptiste* et *La Diseuse de bonne aventure* du Caravage (salle 7), ainsi que l'*Enlèvement des Sabines* de Pierre de Cortone (salle 8).

Piazza del Campidoglio

Tabularium

Il faut emprunter un passage souterrain agrémenté d'une collection lapidaire pour rejoindre le palazzo Nuovo. Il donne accès aux galeries du Tabularium, lieu semi-fortifié où l'État romain conservait ses archives et qui sert de fondation au palazzo Senatorio. On y jouit d'une vue imprenable sur le Forum romain !

Palazzo Nuovo

Dédiée à la sculpture, cette section regroupe de nombreuses copies romaines de statues grecques. Parmi les figures mythologiques, les bustes de philosophes grecs et d'empereurs romains, se distinguent la sublime *Vénus du Capitole* (salle 3), le *Faune* en marbre rouge (salle 7) et l'émouvant *Galate mourant* (salle 8).

Piazza del Campidoglio, 1 • ☎ 06 06 08 • http://museicapitolini.org/fr • T.l.j. 9h30-19h30 (9h30-14h les 24 et 31 déc.) ; f. 1er janv., 1er mai, 25 déc. ; dernière entrée à 18h30 • Entrée : 15 € • Capitolini Card (valide 7 j., avec la Centrale Montemartini, voir p. 217) : 17 €.

❸ SANTA MARIA IN ARACŒLI**

Édifiée sur les ruines d'un temple consacré à une déesse païenne, devenue ensuite un lieu voué au culte de la Vierge Marie, cette église est un très bel exemple de la continuité des lieux de culte dans la vie romaine. Elle abrite aussi des œuvres de Donatello, Cavallini et Gozzoli.

Il Santo Bambino di Santa Maria in Aracœli

Au fond de l'église, à gauche, la statue du « Saint Enfant » Jésus, sculptée dans un olivier du jardin de Gethsémani (là où Jésus aurait prié avant son arrestation) et recouverte de pierres précieuses, souvent dérobées, aurait le miraculeux pouvoir de guérir les malades (à ce moment-là, ses lèvres rougissent !). On la déplace même dans les hôpitaux romains !

Scala dell'Arce Capitolina, 12-14 • ☎ 06 697 638 39 • T.l.j. 9h30-17h30 (mai.-sept. 9h-18h30) • Accès libre.

❹ MONUMENT À VICTOR-EMMANUEL II*

Il Vittoriano

Bâti entre 1885 et 1911, cet imposant monument de marbre blanc fut érigé en l'honneur de Victor-Emmanuel II. La statue équestre du premier roi d'Italie (de 12 m de haut !) domine la tombe du Soldat inconnu. Controversée, son architecture lui a valu les sobriquets de « machine à écrire » ou de « pissotière de luxe »... Il abrite des expositions temporaires, le musée du Risorgimento, une cafétéria et un ascenseur panoramique.

Piazza Venezia • ☎ 06 678 3587 • Musée et ascenseur : t.l.j. 9h30-19h30 ; dernière entrée à 18h45 ; f. 1er janv., 1er et 25 déc. • Ascenseur : 10 €. Accès libre.

❺ MUSEO NAZIONALE DEL PALAZZO DI VENEZIA**

C'est du balcon de cet ancien palais du XVe s., qui servit aux papes puis aux ambassadeurs vénitiens, que Mussolini haranguait les foules. Il abrite depuis 1919 un musée d'Art riche (sculptures en bois polychromes, peintures italiennes du XIVe au XVIe s.) et une collection d'arts décoratifs. Une visite guidée vous mène sur le chemin de garde, qui conduit derrière les créneaux, pour une vue unique sur le Colisée, les forums et le monument à Victor-Emmanuel II. Le jardin, accessible à tous, est un havre de paix.

Via del Plebiscito, 118 • ☎ 06 6999 4284 ou 06 678 0131 (billetterie) • www.museopalazzovenezia.beniculturali.it • Mar.-dim. 8h30-19h30 (dernière entrée à 18h30) • Entrée : 10 € • Visite « Sur les toits de Rome », gratuite avec le billet d'entrée, les sam. et dim., en italien (18h) et en anglais (18h15), les horaires peuvent varier en hiver ; résa conseillée au 06 32 810.

Museo Nazionale del Palazzo di Venezia

❻ CHIESA DEL GESÙ*

Emblématique de la Contre-Réforme, cette église baroque commandée par les jésuites fut imitée dans toute l'Europe catholique. Passez la façade austère et admirez la superbe voûte de la nef, peinte en trompe-l'œil par il Baciccio. Chaque jour à 17h30, la statue de Saint-Ignace est dévoilée dans un jeu de son et lumière. Les Chambres de Saint-Ignace où vécut et mourut le fondateur de la Compagnie de Jésus sont sur la droite de l'église.

Piazza del Gesù • ☎ 06 697 001 • www.chiesadelgesu.org • T.l.j. 7h-12h30 et 16h-19h45 (horaires conseillés : 16h30-19h) ; Chambres de Saint-Ignace : lun.-sam. 16h-18h, dim. et j.f. 10h-12h • Accès libre.

Pause panoramique à la Terrazza Caffarelli

Sur le toit d'un bâtiment adjacent, le bar-restaurant des musées du Capitole offre une vue unique ! On peut s'y arrêter le temps d'un sandwich au bar (5 €) ou d'un repas sous sa jolie tonnelle (prix plus élevés).

● 1 • Piazzale Caffarelli, 4 • ☎ 06 6919 0564 • www.terrazzacaffarelli.it • T.l.j. 9h30-19h, restaurant 12h-15h.

2 Les forums
UN MUSÉE À CIEL OUVERT

● Bars, clubs & sorties p. 159

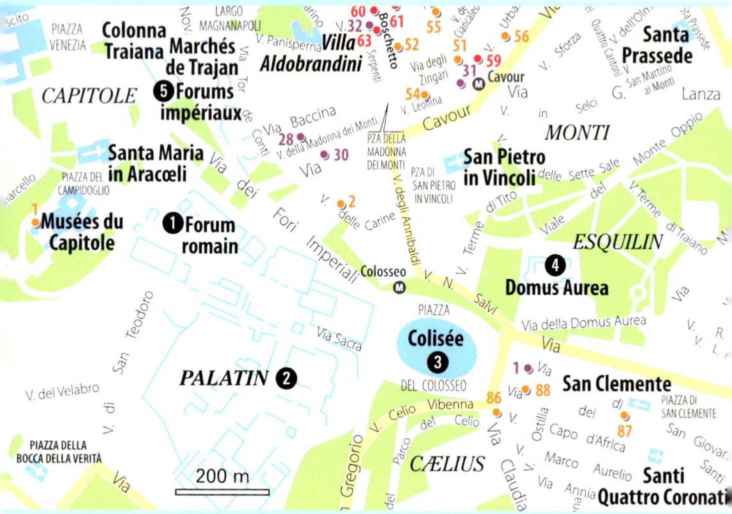

Dans l'Antiquité, ce vaste marécage aux pieds du Palatin et du Capitole devient le cœur battant du monde romain. Asséché, on y construit les forums romains puis impériaux, tandis que le Palatin se couvre de demeures patriarcales aux luxuriants jardins. À la Renaissance, les papes démantèlent ses temples pour construire Saint-Pierre en récupérant les matériaux. Aujourd'hui, les ruines des colonnes, palais et villas continuent d'évoquer avec force un passé glorieux. Incontournable.

❶ FORUM ROMAIN★★★

Foro romano
Pendant la Rome républicaine, le Forum constitue le cœur de la ville, traversé par la **via Sacra.** Ce lieu de rencontre en perpétuelle effervescence attire alors des magistrats, des marchands et des usuriers venus traiter leurs affaires. Les édifices, distribués autour d'une place rectangulaire, comprenaient temples, boutiques, lieux politiques et sacrés, construits à des époques diverses. Sur place, peu d'indications aiguillent les visiteurs sur ce qu'ils voient, mais la force évocatrice des lieux continue à transmettre leur histoire. Notre parcours vous propose une traversée du Forum par la via Sacra, de l'arc de Titus vers celui de Septime Sévère, mettant en lumière les éléments les plus marquants.

La basilique de Maxence et de Constantin

Trois gigantesques arcades dominant la via Sacra donnent une idée de l'impressionnante dimension du bâtiment qui devait faire environ 100 m de long sur 65 m de large. Son fondateur ne risquait pas d'être oublié de ceux qui fréquentaient la basilique : une immense statue de Constantin, visible de tous, se dressait dans une abside.

Le temple d'Antonin et de Faustine

L'empereur du Ier s. Antonin le Pieux décréta la construction

Temple de Vesta, Forum romain

de ce temple dédié à sa femme Faustine divinisée. À sa mort, il la rejoignit et le temple prit aussi son nom. L'édifice est particulièrement bien conservé : l'église de San Lorenzo in Miranda s'y enchâssa au Moyen Âge, maintenant en partie la structure. Sur les marches extérieures, on peut encore deviner l'autel d'où officiaient les prêtres.

La maison des Vestales et le temple de Vesta

Les prêtresses de Vesta, gardiennes du feu sacré, occupaient un magnifique palais de trois étages. Quelques vestiges subsistent des cinquante pièces

ordonnées autour de l'atrium. Dans cette cour intérieure ornée de bassins se dressent les statues des Grandes Vestales (IIIe et IVe s.). À côté de la maison, les vestiges du temple de Vesta, où brûlait le feu sacré. Ses formes rondes reprendraient celles de la cabane primitive qui protégeait le feu au temps des premiers Romains.

Le temple de Castor et Pollux

Il ne reste de ce temple célèbre de la Rome antique que trois colonnes de marbre et la fontaine attenante. Castor et Pollux, les Dioscures, dont le culte fut importé de Grèce, faisaient partie de nombreuses légendes romaines. Ils seraient ainsi apparus auprès de la fontaine pour avertir la population de la

victoire militaire d'Emilio Paolo sur Persée. Le temple pouvait aussi servir aux réunions du Sénat ; le bureau des poids et des mesures y avait son siège.

L'arc de Septime Sévère

Reflet de la puissance militaire de Rome, l'arc de Septime Sévère commémore les succès remportés. On l'édifia en 203 apr. J.-C. à l'occasion du 10e anniversaire de l'avènement du souverain. Les quatre bas-reliefs surchargés qui évoquent les victoires sur les Parthes lui donnent une allure monumentale.

Via dei Fori Imperiali et piazza Santa Maria Nova • ☎ 06 3996 7700 • www.coopculture.it • T.l.j. 10h30-19h15, dern. entrée : 18h15 ; f. 1er janv., 1er mai et 25 déc. • Entrée : 16 € (+ 2 € si résa en ligne) ; valable pendant 2 j. pour le Colisée et le Palatin.

❷ PALATIN★★★

Palatino

Ce site antique a accueilli les premiers habitants de Rome avant de devenir le quartier de résidence des empereurs. C'est ici que se trouvait le palais habité par Auguste, Tibère, Caligula, Domitien, Néron, Septime Sévère… Aujourd'hui, pins parasols et pelouses ponctuent ce site plein de poésie qui offre une vue splendide sur les dômes et les toits de la ville.

Le berceau de la ville

D'après la légende, c'est sur la colline du Palatin que Romulus et Remus ont été recueillis par la Louve, et c'est sur son versant occidental que Romulus a tracé l'enceinte délimitant la cité primitive. À la fin de la République, le Palatin acquiert un plus grand prestige lorsqu'Auguste s'installe dans son palais. Il devient ensuite le symbole de la Rome impériale et se couvre de somptueux palais.

Le jardin Farnese

Ce jardin dessiné au XVIe s. par Vignole vous offrira un peu de fraîcheur au cours de votre balade dans le site antique. Construit sur les ruines du **palais de Tibère**, il fut le premier jardin botanique du monde. De la terrasse, vous aurez une vue magnifique sur le Capitole, le Forum romain et le Colisée.

Maison d'Auguste, Palatin

La maison de Livie

Cette villa du Ier s. av. J.-C., bâtie pour Auguste et sa femme, fait partie des édifices les mieux conservés. Elle se situe au cœur de la **maison d'Auguste**, composée de multiples villas. À l'étage inférieur, quatre pièces d'habitation, dont deux sont accessibles au public, s'ouvrent sur un atrium : le *triclinium* (« salle à manger ») et le *tablinium* (« salle de réception »). En bon état, elles donnent un aperçu de la décoration de l'époque. Les couleurs des peintures en trompe-l'œil et des fresques des murs se sont effacées avec le temps, mais il est encore possible de distinguer des paysages, des natures mortes et des scènes mythologiques.

Le palais Flavien

Il correspond à la partie publique du palais de Domitien que l'empereur s'était fait construire au Ier s. apr. J.-C.

Palatin

Il comprend plusieurs pièces qui s'articulent autour d'une immense cour centrale : la basilique, la salle du Trône, le *lararium* et le *triclinium*. L'ensemble, richement décoré, devait célébrer la grandeur de l'empereur.

Entrée via di San Gregorio ou en traversant le forum
• ☎ 06 3996 7700
• www.coopculture.it
• T.l.j. 12h-18h ; f. 1er janv., 1er mai et 25 déc.
• Entrée : 16 € valable pendant 1 j. pour le Palatin et le Colisée ; Full Experience : 22 €, valable 2 jours pour le Palatin (sites SUPER) et le Colisée (avec visite de l'arène).

❸ COLISÉE★★★

Colosseo

La silhouette actuelle du Colisée s'est dessinée au fil des siècles, au gré des tremblements de terre et des pillages. Le plus grand amphithéâtre romain n'est peut-être pas le monument le mieux conservé de la ville, mais il a encore fière allure et continue d'évoquer superbement la Rome antique.

Un colosse d'architecture

L'amphithéâtre Flavien doit son existence à Vespasien qui fait entreprendre les travaux en 72 apr. J.-C. Mais l'empereur, déjà âgé, meurt avant de voir l'œuvre achevée. La construction de l'édifice prend fin quelques années plus tard et c'est à Titus, le fils du défunt, que revient l'honneur de l'inaugurer en 80 apr. J.-C. Au VIIIe s., l'édifice est baptisé le « Colosseum » en souvenir de l'imposante statue de Néron qui se dressait à proximité. Comme son nom le suggère, tout en lui évoque le gigantisme : une circonférence de 527 m, des travaux d'une ampleur exceptionnelle et jusqu'à 70 000 spectateurs pouvant être accueillis.

Des jeux d'un autre temps

Pour s'attirer les faveurs du peuple et asseoir leur prestige, les empereurs se devaient d'organiser de fastueux spectacles. Des souterrains arrivaient gladiateurs et fauves qui s'affrontaient dans de cruels combats sur le sable de l'arène. L'art de la scénographie était raffiné, avec des systèmes d'ascenseur, voire la possibilité d'inonder la scène pour la reconstitution de batailles navales. Pour l'inauguration, les festivités durèrent 100 jours.
La foule assista alors à la mise à mort de 2 000 combattants, au massacre de 9 000 animaux et au martyre de nombreux chrétiens.

Piazza del Colosseo
• ☎ 06 3996 7700 • www.coopculture.it
• T.l.j. 8h30-16h30 (nov.-mi-fév.), 17h (mi-fev.-mi-mars), 17h30 (mi-mars-fin mars), 19h15 (avr.-août), 19h (sept.), 18h30 (oct.) ; f. 1er janv., 1er mai et 25 déc.
• Entrée : 16 € (sans l'arène) valable pendant 1 j. pour le Palatin et le Forum romain ; Full Experience : 22 €, visite de l'arène, valable 2 j pour le Palatin (sites SUPER) et le Forum romain
• Visites possibles en français, anglais et italien.

Colisée

❹ DOMUS AUREA★★★

Maison dorée

Connu pour sa mégalomanie, Néron se fit construire en 64 apr. J.-C. un immense palais étendu sur trois collines. Son nom, Maison dorée, vient de la profusion d'or utilisé pour sa décoration (des feuilles d'or recouvraient sa façade !). Après sa mort, Néron est condamné à la *damnatio memoriae* ; et toute trace de sa villa, effacée. Les thermes de Trajan sont construits par-dessus ; et les salles, remplies de terre. Pourtant, la villa est redécouverte au XVe s., et explorée par les artistes de l'époque. Actuellement en chantier, la demeure se visite casque sur la tête. La réalité virtuelle prend ensuite le relais pour redonner vie à la magnificence de la Domus. On termine par un passage dans la fabuleuse salle octogonale, qui pourrait avoir été la fameuse salle à manger au plancher tournant de Néron.

Via della Domus Aurea • ☎ 06 3996 7700 (infos) • www.soprintendenza specialeroma.it et www.coopculture.it • Sam.-dim. 9h15-16h15 ; visite guidée en français avec réalité virtuelle à 12h45 • Entrée : 14 € + 2 € résa obligatoire en ligne (+ 6 € en cas d'expo).

❺ FORUMS IMPÉRIAUX★★★

Fori Imperiali

De retour de Gaule, César emploie son butin de guerre à doter Rome d'un nouveau forum. Les empereurs qui lui succéderont, jusqu'à Trajan, n'auront de cesse d'agrandir cet espace dédié à la vie publique, à la propagande et à la religion. Après le Moyen Âge, ces forums tomberont peu à peu dans l'oubli, tandis que les pilleurs les démantèlent pour construire de nouveaux palais partout dans Rome. Dans les années 1930, Mussolini y fait tracer l'actuelle via dei Fori Imperiali, théâtre de parades fascistes, scindant définitivement l'espace des différents forums.

Marchés de Trajan et musée des Forums impériaux

Mercati di Traiano e Museo dei Fori Imperiali

Ce marché antique, construit en hémicycle sur trois niveaux, était constitué de 150 boutiques, entrepôts et tavernes, où l'on venait acheter tissus et denrées comestibles. Le musée des Forums impériaux qui s'y est installé présente

Pause en terrasse chez Iari The Vino

Difficile de trouver un coin tranquille entre le Colisée et les forums ? À l'écart de la via dei Fori Imperiali, ce restaurant est idéal pour une pause à l'ombre. Dans l'assiette : pâtes, salades, *bruschette* ou *panna cotta*, tous les classiques sont là. Demandez le plat du jour, servi en portions honorables.

● 2 • Via del Colosseo, 5 • ☎ 06 6919 1069 • T.l.j. 10h-minuit • Plats : 10-25 €.

d'intéressantes expositions sur la Rome antique, ainsi que des œuvres d'art contemporain qui se mêlent aux colonnes.
Via IV Novembre, 94 • ☎ 06 0608 • http://mercatiditraiano.it/fr • T.l.j. 9h30-19h30 (billetterie 18h30) • Entrée : 14 € (tarif réduit : 12 €) ; vidéoguide en français : 6 €.

Colonne Trajane

Colonna Traiana
Plus de 2 500 personnages en bas-relief se détachent sur le fût de cette colonne haute de 40 m, constituée de 17 tambours de marbre bleu posés les uns sur les autres. Ils racontent les campagnes victorieuses de Trajan en Dacie (la Roumanie actuelle), du départ de Rome à la retraite des ennemis.

Le forum de César

Au pied du Capitole, on l'admire depuis la via dei Fori Imperiali qui le recouvre en partie. Sur décision de César, ce forum était entièrement dévolu aux fonctions civiques, le commerce en étant exclu. Les trois colonnes qui s'y dressent encore appartiennent au temple de Vénus Génitrice, dont descendrait la dynastie de César.

Le forum d'Auguste

Auguste, premier des empereurs romains, poursuit l'agrandissement des forums en créant un vaste espace entre le quartier malfamé de la Suburra, l'actuel Monti, et le forum de César. L'épée de ce dernier reposait comme relique dans le temple de Mars Ultore (Mars Vengeur). Devant celui-ci, une statue de 14 m de haut s'élevait à la gloire... d'Auguste lui-même.
Spectacles son et lumière 21 avr.-12 nov. • Forum de César : spectacles ttes les 20 min (durée : 50 min), début entre 18h20 et 23h40 selon la saison • Forum d'Auguste : 3 spectacles par j. (durée : 40 min), début entre 19h et 23h selon la saison • Résa au ☎ 06 06 08 ou sur www.viaggioneifori.it • Tarifs : 1 spectacle : 15 € ; 2 spectacles : 25 €.

L'art de vivre
DANS LA ROME ANTIQUE

L'avènement de l'Empire en l'an 27 av. J.-C. annonce une période de plaisirs et de distractions. À l'inverse de la République austère et morale, c'est désormais le temps de l'excès et de la démesure. Le peuple romain exulte dans les tribunes des jeux du cirque alors que les plus riches élèvent la théâtralité comme art de vivre : ils ripaillent avec élégance, se drapent, se fardent et se coiffent avec raffinement.

LA MORT EN SPECTACLE

Les **jeux du cirque** étaient annoncés par de véritables affiches placardées sur les murs de la ville, où l'on donnait le programme, le nom des gladiateurs, les armes utilisées, les protections prises contre la chaleur comme les parasols et les pulvérisations d'eau parfumée. Les jeux duraient toute la journée et consistaient en des combats d'animaux sauvages ou d'hommes que l'on envoyait à la mort déguisés, pour les rendre ridicules. Les gladiateurs étaient des esclaves ou des criminels. Durement entraînés dans des écoles spécialisées, parfois poussés au suicide, ils étaient l'attraction du jour. Les films ou la bande dessinée montrent souvent l'empereur graciant les combattants de son pouce levé, pourtant, c'est une légende !

Un luxe réglementé

Le coût, la durée et le nombre d'invités d'un banquet étaient limités par des lois très strictes, que l'empereur faisait respecter en plaçant des gardes autour des marchés et en ordonnant des visites surprises dans les maisons. On interdisait, par exemple, certaines pratiques luxueuses comme de manger du loir, et posséder une vaisselle précieuse était mal vu. On raconte pourtant que l'empereur Vitellius possédait un plat d'une valeur d'un million de sesterces !

MENUS PLAISIRS

Pour permettre aux invités de choisir directement le poisson qu'ils désiraient goûter, on aménageait des **salles à manger** sur des canaux ou des piscines. Le général Lucullus en avait aussi installé une dans une immense volière et, pour protéger ses hôtes de la chaleur estivale, il les recevait même dans une grotte artificielle.

Palazzo Massimo

RITES DE TABLE

Le vin de rose ou de violette était servi en apéritif, dans une seule coupe où, comme lors des cérémonies primitives, les invités buvaient à tour de rôle. Pour animer le dîner, on modifiait l'**ordre traditionnel des plats**, un mets inattendu créant toujours une surprise agréable. Les Romains affectionnaient les **trompe-l'œil culinaires** : un poisson pouvait ainsi être du poulet et un fromage pouvait se dissimuler sous l'apparence d'un cochon de lait.

L'ART DU PLISSÉ

On raconte qu'un orateur voulut un jour intenter un procès contre un collègue qui, le frôlant dans un passage étroit, mit en désordre les **plis de sa toge**. À Rome, le drapé avait autant d'importance que l'éloquence, et le rhéteur Quintilien (Ier s. apr. J.-C.) donnait des consignes aux avocats sur la façon de préparer leur toge la veille d'une plaidoirie.

Centrale Montemartini

LES PERRUQUES DE L'EMPIRE

Les coiffures très compliquées des matrones romaines, que l'on peut admirer dans la statuaire des musées du Capitole, étaient faites avec de **faux cheveux**. On trouve dans les archives de la douane la mention de cheveux importés d'Inde ; un grand marché de postiches existait près du Circus Flaminius, notamment pour les perruques blondes, très à la mode au début de l'Empire.

3 Le Panthéon
UN QUARTIER CHÉRI DES DIEUX

● Restos & bistrots p. 129 ● Bars, clubs & sorties p. 159 ● Boutiques p. 185

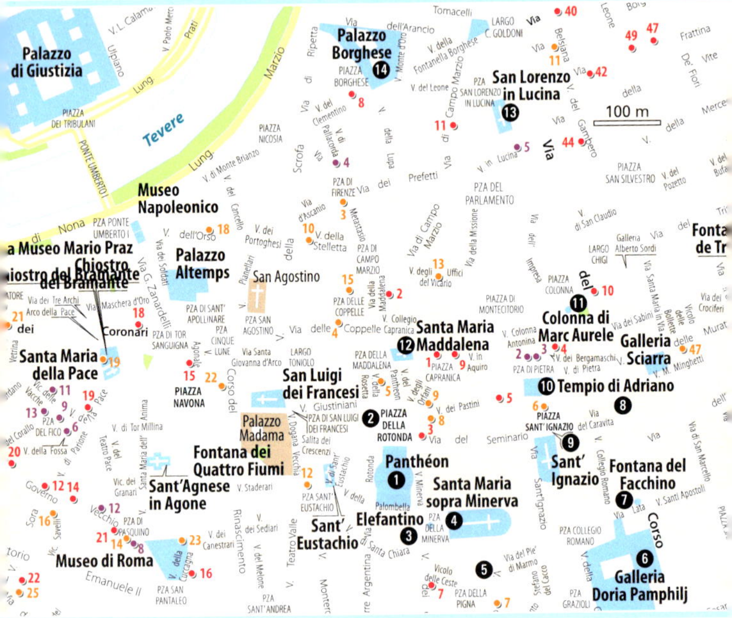

Il suffit d'observer les vestiges des temples romains, les façades des palais princiers et celles des églises de la Contre-Réforme pour lire la riche histoire de ce quartier qui, depuis deux siècles, s'est imposé comme le cœur de la cité. Siège du Parlement italien, de la Bourse et des grandes banques, on y croise hommes d'affaires et politiciens, mais aussi Romains et touristes attirés par la myriade de cafés et de restaurants qui animent ses ruelles et ses places pittoresques.

❶ PANTHÉON★★★

Le Panthéon apparaît comme l'un des édifices les mieux conservés de la Rome antique. Érigé par Agrippa en 27 avant notre ère, il est en partie restauré par Domitien après le terrible incendie de 80 apr. J.-C., puis réaménagé par Hadrien en 125. Ce temple dédié aux divinités romaines est depuis le VIIe s. une église chrétienne.

Un édifice monumental

À l'époque d'Agrippa, le Panthéon est de forme rectangulaire. C'est Hadrien qui fait construire en 125 l'impressionnante rotonde. Tel qu'on le voit aujourd'hui, le Panthéon présente donc une structure cylindrique agrémentée à l'entrée d'un immense portique. Celui-ci est soutenu par seize colonnes de granit monolithiques à chapiteaux de marbre blanc. La porte de bronze qui ferme le portail en marbre a subi une importante restauration au XVIe s. Ainsi, seuls ses battants sont d'origine.

Un modèle architectural

La Rotonda, comme l'appelaient les Romains, constitue la *cella*, c'est-à-dire la salle centrale du temple. Elle est surmontée d'une coupole que supportent des murs de plus de 6 m d'épaisseur. De hauteur égale à son diamètre (43,3 m), la coupole est la plus grande voûte jamais construite. Plus d'un architecte de la Renaissance a tenté de reproduire ses proportions et l'harmonie de ses lignes. Sans succès.

La lumière céleste

Ce qui fait l'originalité de l'espace intérieur de ce temple, c'est son oculus central, ouvert sur le ciel. Le gigantisme de l'intérieur circulaire, son immense coupole à l'image de la voûte céleste et son étrange lumière créent l'une des émotions les plus fortes que l'on puisse ressentir en visitant Rome.

Des tombeaux illustres

Sous la coupole, les niches autrefois décorées de statues de divinités ont été aménagées en chapelles. Elles abritent les tombes des rois d'Italie Vittorio Emanuele II et Umberto Ier, et de certains artistes, comme le peintre Raphaël qui avait souhaité reposer au Panthéon.

Piazza della Rotonda • ☎ 06 6830 0230 • T.l.j. 9h-19h dern. entrée 18h30) • Accès libre.

Panthéon

❷ PIAZZA DELLA ROTONDA★★★

Cette jolie place bordée de façades jaunes et ocre doit son nom au plan en rotonde du Panthéon. Envahie par la foule du matin au soir, elle est envahie par de nombreuses terrasses de café qui permettent d'admirer l'une des plus grandes prouesses architecturales de l'Antiquité. Autour de la rafraîchissante fontaine à obélisque, les calèches attendent les touristes pour la promenade.

❸ ELEFANTINO★★

C'est dans les jardins du monastère voisin que fut retrouvé l'obélisque égyptien du VIe s. av. J.-C. qui trône aujourd'hui au centre de la piazza della Minerva. Capteur de tous les regards, son socle en forme d'éléphant dessiné par le Bernin et sculpté par Ercole Ferrata a été surnommé le *pulcino*, le « poussin », en raison de sa petite taille. L'inscription dit :

Elefantino

« Seul un esprit robuste soutient une solide intelligence. »
Piazza della Minerva.

❹ SANTA MARIA SOPRA MINERVA★★

La façade sévère de la seule église gothique de Rome ne laisse en rien deviner ses richesses. Filippino Lippi y peignit des fresques, Michel-Ange y sculpta un Christ aussi beau qu'un Apollon, Fra Angelico y repose dans un passage obscur

Pause matinale au Caffè Sant'Eustachio

Voici l'un des meilleurs cafés du monde selon nombre de journaux américains ! Depuis 1938, Romains et touristes s'y côtoient dans un joyeux brouhaha. On peut s'installer en terrasse, mais le must est de trouver un coin au comptoir où s'accouder pour siroter un *macchiato* ou un *Gran Caffè Speciale*, divins. On avoue aussi avoir un petit faible pour les cafés froids, bienvenus aux beaux jours...

● 12 • Piazza Sant'Eustachio, 82 • ☎ 06 6880 2048 • www.santeustachioilcaffe.it • Dim.-jeu. 7h30-1h, ven. 7h30-1h30, sam. 7h30-2h • Café : 1,30 € (au comptoir), 3,90 € (en terrasse).

aux côtés de sainte Catherine de Sienne et de plusieurs papes. C'est dans le cloître que le philosophe et astronome Giordano Bruno fut condamné au bûcher par l'Inquisition et qu'eut lieu, en 1633, le procès de Galilée, accusé d'hérésie pour avoir affirmé que la Terre tournait autour du Soleil.
Piazza della Minerva, 42 • www.santamariasopraminerva.it • Lun.-ven. 7h-19h, sam. 10h-12h30 et 15h30-19h, dim. 8h-12h30 et 15h30-19h • Accès libre.

❺ PIE'DI MARMO*

Le pied de marbre

C'est plutôt insolite de rencontrer, au coin de la rue qui porte son nom, cet immense pied en marbre, vestige d'une statue d'époque romaine qui devait orner un temple. Selon une croyance fort répandue au Moyen Âge, la moitié de la population romaine de l'Antiquité était composée de... statues.
À l'angle de la via Santo Stefano del Cacco et de la via Piè di Marmo.

❻ GALLERIA DORIA PAMPHILJ***

En visitant ce palais encore en partie habité par les descendants de la famille Pamphilj, on se sent comme un invité de marque. Un audioguide original, réalisé par le Prince lui-même, raconte l'histoire de la famille, des collections et du palais, sur le ton de la confidence. On y admire plus de 400 œuvres, protégées par le pape Innocent X, membre de la famille et initiateur de la collection, qui interdit à ses descendants la dispersion des biens. La peinture règne en maître avec des chefs-d'œuvre de Raphaël, de Titien, du Caravage ou de Bruegel. La galerie des Miroirs et la salle Aldobrandini, qui est ornée de statues romaines, sont magnifiques. Prenez le temps d'observer la cour intérieure et son ravissant jardin.
Piazza del Collegio Romano, 2 (entrée via del Corso, 305) • ☎ 06 679 7323 • www.doriapamphilj.it • T.l.j. 9h30-19h sur résa uniquement (f. 1er janv., 25 déc., à Pâques et 3e mer. du mois) • Entrée : 12 €, audioguide en français compris.

❼ FONTANA DEL FACCHINO*

Célèbre pour avoir été l'une des principales statues parlantes de Rome au même titre que Pasquino (p. 46), elle représente un porteur avec son tonneau, d'où coule un filet d'eau. Pour la préserver de la pollution, on l'a déplacée de son support original sur la via del Corso pour l'installer sur une rue de traverse, à l'angle de la Banque de Rome.
Via Lata.

❽ VIA DEL CORSO*

Suivant le tracé de l'antique via Flaminia, la très centrale via del Corso doit son nom aux courses d'animaux (ânes, chevaux, buffles) qui s'y déroulaient jusqu'au XIXe s. Les *barberi*, chevaux indomptés, galopaient de la piazza del Popolo à la piazza Venezia,

« encouragés » par les cris des spectateurs. Aujourd'hui, à l'heure de la *passeggiata*, c'est sans doute la rue la plus embouteillée (de piétons) de Rome !

❾ PIAZZA SANT'IGNAZIO★★

Imaginée au XVIIIe s. par Filippo Raguzzini, cette place baroque-rococo s'inspire d'un décor de théâtre avec ses élégants palais aux façades curvilignes et ses ruelles conçues comme des coulisses. Admirez la scénographie depuis le parvis de **l'église Sant'Ignazio di Loyola** (XVIIe s.), l'autre grande église jésuite de Rome avec le Gesù, dont les extraordinaires fresques en trompe-l'œil de l'abside et de la coupole sont signées Andrea Pozzo.

❿ TEMPIO DI ADRIANO★★

Les imposantes colonnes qui dominent cette petite place sont les seuls restes du temple d'Hadrien, érigé en 145 apr. J.-C. afin de célébrer la politique de l'empereur du même nom. Ce qui les rend encore plus impressionnantes, c'est qu'elles ont été incorporées, de façon majestueuse, à un bâtiment devenu aujourd'hui le siège de la chambre de commerce de Rome et de la Bourse. Une vision unique...

Piazza di Pietra.

⓫ COLONNA DI MARC AURELE★

Inspirée de la colonne Trajane mais moins belle, la colonne de Marc Aurèle a été érigée à la mort de l'empereur par son fils Commode. La frise de bas-reliefs qui se déroule en spirale commémore les victoires de l'empereur sur les Germains et les Sarmates. Au sommet, la statue de Marc Aurèle a été remplacée par celle de saint Paul sur ordre du pape Sixte Quint.

Piazza Colonna.

Piazza di Pietra et Tempio di Adriano

Pause sucrée chez Giolitti

Les glaces de cet établissement historique fondé en 1900 sont réputées à juste titre car toujours, et de loin, les meilleures du centre (les sorbets sont leur grande fierté). Le salon de thé style néo-Louis XVI garde intact le charme désuet du passé.

● 13 • Via degli Uffici del Vicario, 40 • ☎ 06 699 1243 • www.giolitti.it • T.l.j. 7h-1h • 2 boules avec ou sans crème fouettée : 2,80 €.

⓬ SANTA MARIA MADDALENA**

Admirez la belle façade baroque tout en courbes et en mouvements de cette petite église. Le baroque-rococo romain s'exprime aussi à l'intérieur avec son décor foisonnant de marbres, de stucs, de fresques et de statues, en tout point conforme au programme de la Contre-Réforme visant à provoquer l'émerveillement des croyants.

Piazza della Maddalena • ☎ 06 899 281 • Lun.-ven. 7h-12h et 17h-20h, sam. 9h30-12h et 17h-20h, dim. et j. f. 9h-12h30 et 17h-20h.

⓭ SAN LORENZO IN LUCINA*

Flanquée d'un portique à colonnade et d'un campanile du XIIe s., cette église s'élève sur l'un des plus anciens lieux de culte chrétien de Rome (IVe s.). À l'intérieur, admirez la chapelle Fonseca réalisée par le Bernin et la Crucifixion de Guido Reni au-dessus du maître-autel. Le peintre français Nicolas Poussin, mort à Rome en 1665, y repose dans un tombeau en marbre. La dédicace de Chateaubriand au peintre est ornée d'une reproduction des *Bergers d'Arcadie*.

Piazza di San Lorenzo in Lucina • ☎ 06 687 1494 • T.l.j. 8h-20h.

⓮ PALAZZO BORGHESE**

Élevé au début du XVIIe s., le palais lui-même n'est pas très avenant. Abritant le siège de l'ambassade d'Espagne, l'intérieur ne se visite plus. En revanche, la cour du palais, beaucoup plus souriante, abrite un nymphée de trois fontaines que Rainaldi réalisa en 1665 et que l'on appelle *Le Bain de Vénus*. La collection de peintures est maintenant conservée au musée de la Villa Borghese (p. 74).

Piazza Borghese.

4 La piazza Navona AU CŒUR DE LA ROME BAROQUE

● Restos & bistrots p. 133 ● Bars, clubs & sorties p. 160 ● Boutiques p. 188

Cœur de la ville à la Renaissance, ce quartier au charme fou déploie ses ruelles désordonnées sur le Champ de Mars de l'Antiquité. Aux XVIe et XVIIe s., il s'enrichit des chefs-d'œuvre de Bramante, Borromini et du Bernin, qui signent notamment les façades baroques et les fontaines extravagantes de la piazza Navona. La plus belle place de Rome, qui accueillit pendant des siècles l'unique marché de la ville, diffuse une atmosphère joyeuse avec ses musiciens ambulants et ses terrasses de café. Perdez-vous dans les rues alentour où se cachent palais Renaissance et boutiques élégantes.

❶ PIAZZA NAVONA***

Assise sur les fondations du stade de Domitien dont elle a conservé la forme elliptique, la place Navone exprime tout le génie du baroque romain. Les anciens gradins qui pouvaient accueillir 30 000 spectateurs ont fait place aux palais, églises et fontaines commandés par le pape Innocent X aux plus grands artistes de son temps, le Bernin et Borromini. Jusqu'au milieu du XIXe s. s'y déroulaient toutes les fêtes importantes. Chaque samedi et dimanche du mois d'août, on l'inondait en fermant l'évacuation des fontaines pour amuser le petit peuple. Aujourd'hui, caricaturistes, artistes de rue et tireurs de cartes assurent l'animation.

Fontana dei Quattro Fiumi

Coiffée d'un obélisque, cette fontaine du Bernin met en scène les allégories des fleuves des grands continents : le Danube (Europe), le Gange (Asie), le Rio de la Plata (Amérique) et le Nil (Afrique). Une légende populaire dit que ce dernier voile son visage afin de se protéger de la laideur de l'église Sainte-Agnès, construite par Borromini, grand rival du Bernin. En fait, la fontaine fut achevée en 1651, deux ans avant la construction de Sainte-Agnès. Si le Nil se cache, c'est en réalité pour symboliser tout le mystère qui l'enveloppe : ses sources étaient encore inconnues à l'époque !

Fontana dei Quattro Fiumi

❷ SANT'AGNESE IN AGONE**

Innocent X commanda cette église aux Rainaldi en 1652 avant d'en confier la finition à Borromini, auteur de la façade et de la coupole. L'église serait édifiée sur le lieu où la jeune martyre chrétienne sainte Agnès, 13 ans, fut exposée nue puis égorgée pour avoir refusé d'honorer les dieux romains. La légende raconte que sa chevelure aurait subitement poussé pour cacher sa nudité.

Piazza Navona • ☎ 06 6819 2134 • www.santagneseinagone.org • Mar.-ven. 9h-13h et 15h-19h, sam.-dim. 9h-13h et 15h-20h.

Pause avec vue chez Vivi Bistrot

Installé en rez-de-chaussée du palazzo Braschi, le Vivi Bistrot offre un splendide panorama sur la piazza Navona tout en étant en retrait des foules. Tout y est bio : quiches, salades, hamburgers, gâteaux, etc. Également à la carte, des plats vegan ou sans gluten, et de délicieux cocktails de fruits pressés (de 5 à 7 €).

● 23 • Piazza Navona, 2 • ☎ 06 6833 779 • www.vivibistrot.com • Mar.-dim. 10h-minuit • Brunch : mar.-dim. 11h-15h : 18 € ; plats : 10-15 € ; sandwichs : 4-6 €.

❸ MUSEO DI ROMA★★

Le **palazzo Braschi** (XVIIIe s.) abrite les collections du musée de Rome qui illustrent la vie dans la cité depuis le Moyen Âge. Meubles, costumes, céramiques, carrosses et chaises à porteurs évoquent la Rome d'antan dont on peut observer l'évolution topographique et urbanistique à travers les nombreuses peintures, estampes, gravures et photographies exposées par roulement.

Piazza San Pantaleo, 10 • ☎ 06 06 08 • www.museodiroma.it • Mar.-dim. 10h-19h (14h les 24 et 31 déc.) ; f. 1er janv., 1er mai et 25 déc. • Entrée musée : 9,50 € ; expos temporaires : 7 € ; billet combiné musée et expos temporaires : 12 €.

❹ PASQUINO★

Dès le XVe s., les protestataires et les anticléricaux prirent l'habitude d'apposer des messages de mécontentement sur le buste de cette statue. Aujourd'hui, même si le contenu des messages a changé, la tradition semble se perpétuer et le Pasquino demeure la « statue parlante » la plus connue de Rome.

Piazza di Pasquino.

❺ VIA DEL GOVERNO VECCHIO★★★

Hier, les cortèges pontificaux la longeaient ; aujourd'hui, les Romains apprécient de plus en plus cette rue bordée de belles maisons des XVe et XVIe s.

Le caractère populaire du lieu perdure malgré l'arrivée de restaurants, bars à vins et autres boutiques branchées. Grande bourgeoisie et Romains plus modestes s'y côtoient en bonne intelligence.

❻ PIAZZA DELL'OROLOGIO*

Cette horloge fut conçue par Borromini au XVIIe s. Elle arbore un édicule en fer et marque les heures qui rythment la vie quotidienne des religieux du couvent voisin, consacré à l'ordre des Philippins. Côté rue, elle est ornée d'une madone en mosaïque.

Piazza dell'Orologio

❼ PALAZZO TAVERNA*

Il ne faut pas vous laisser impressionner par l'aspect imposant de ce palais austère, bâti sur les ruines d'une forteresse des Orsini. Il s'agit d'une propriété privée mais la cour, visible depuis la rue, laisse entrevoir la fontaine monumentale offrant de délicats jeux d'eau sur un fond vert sombre de cyprès. Suivez le tracé quelque peu labyrinthique de ses murs abritant antiquaires, ébénistes et ferronniers d'art.

Via di Monte Giordano, 36.

❽ VIA DEI CORONARI**

La via dei Coronari (« rue des Chapelets ») est la rue des antiquaires. Ils restent ouverts tard les week-ends de mai. De nombreux artisans restaurent meubles et objets d'art, et réalisent avec génie de belles copies d'ancien. Le **palais Lancellotti** (piazza di San Simeone, 18) garde ses persiennes fermées depuis la chute du pouvoir papal en signe de protestation.

❾ SANTA MARIA DELLA PACE**

Cette église baroque à la façade onduleuse, coincée au milieu de multiples ruelles, constitue l'une des plus belles curiosités de ce quartier. Elle est l'œuvre de Pierre de Cortone, architecte peintre à qui l'on doit également une des fresques du plafond de la chapelle

Pause rafraîchissante à la Gelateria del Teatro

Face aux bacs de cette *gelateria* artisanale planquée au fond d'une cour, le choix est cornélien avec pas moins de 42 saveurs différentes. Pot ou cornet ? Glace, sorbet ou *granite* ? Parfum chocolat, pistache, citron ou noisette du Piémont ? Essayons donc le *Puro* (une glace au chocolat extra-noir) ou celle, plus surprenante, à la sauge et à la framboise ! Tout est fabriqué sur place à partir de fruits frais de saison et de produits 100 % naturels. Et, par beau temps, profitez de sa cour ombragée nichée sous le théâtre.

● 24 • Via dei Coronari, 65 • ☎ 06 4547 4880 • T.l.j. 10h30-23h30 (horaires variables) • *Granite* : 3,50-5 € ; pots : 3-10 €.

Sixtine. L'architecture de la chapelle Chigi (la première à droite) est attribuée à Raphaël qui participa aussi à la réalisation de la fresque des Sibylles et des Anges (1514).

Arco della Pace, 5 • ☎ 06 6880 4038 (infos expos) • T.l.j. 9h30-18h30 • Entrée : 13 € (prix variables selon les expos) ; accès libre pour l'église.

Santa Maria della Pace

⑩ CHIOSTRO DEL BRAMANTE★★★

Cloître de Bramante

Juste à gauche de l'église Santa Maria della Pace, le cloître a été édifié entre 1500 et 1504 par Bramante. Ce bijou d'architecture, étendu sur trois niveaux distincts, est sa première réalisation à Rome. La paroi du porche est ornée de fresques racontant des passages de la vie de la Vierge. Le cloître accueille des expositions temporaires et abrite, au premier étage, un café design fort agréable (p. 135).

Arco della Pace, 5 • ☎ 06 6880 9035 • www.chiostrodelbramante.it • Lun.-ven. 10h-20h, sam.-dim. 10h-21h (fermeture de la billetterie 1 h av.) • Accès libre ; expos : 8 € (prix variables selon les expos).

⓫ CASA MUSEO MARIO PRAZ**

Tous les férus de décoration connaissent Mario Praz, esthète excentrique spécialiste de la littérature anglaise et passionné de baroque. Les 1 057 pièces (tableaux, cires, éphémérides, jouets, gravures, etc.) de sa collection sont exposées dans son appartement. Un charme fou et une rareté à ne pas manquer.

Via Giuseppe Zanardelli, 1 • ☎ 06 686 1089 • www.polomusealelazio.beniculturali.it • Ven. 14h30-19h, sam. 9h-13h30 • Accès libre • Une visite accompagnée non guidée par heure : ven. 14h30-18h30 et sam. 9h-13h (durée : 30 min).

⓬ MUSEO NAPOLEONICO*

On croirait presque faire intrusion dans l'intimité de la famille Primoli, branche romaine de la descendance de Napoléon. En effet, cette maison-musée abrite costumes, portraits de famille, albums de souvenirs, bijoux, meubles, nécessaires de toilette et autres objets du quotidien qui illustrent le mode de vie aristocratique romain au XIXe s.

Piazza di Ponte Umberto I, 1 • ☎ 06 06 08 • www.museonapoleonico.it • Mar.-dim. 10h-18h (10h-14h les 24 et 31 déc.) ; f. 25 déc., 1er janv. et 1er mai • Accès libre.

Museo Napoleonico

⑬ PALAZZO ALTEMPS - MUSEO NAZIONALE ROMANO★★★

Ce superbe palais de la Renaissance, à deux pas de la piazza Navona, est l'un des quatre lieux constituant le Musée national romain. Sa collection d'antiques, provenant de plusieurs fonds parmi les plus importants, ainsi que son architecture évocatrice en font un lieu exquis.

Palazzo Altemps

Le palais

Sa magnificence justifie à elle seule la visite ! On commence dans la cour du palais, un havre où coule paisiblement une fontaine séculaire, sous le regard des statues romaines. De là, on aperçoit déjà la superbe loggia du deuxième étage. Décorée d'une abondante végétation, elle est peuplée d'oiseaux et d'animaux, certains exotiques pour l'époque, comme le dindon venu d'Amérique. La visite s'étale ensuite sur deux étages, décorés avec faste de fresques murales imitant le marbre ou dans le style grotesque.

Les collections

C'est au cardinal Ludovisi, homme passionné de sculpture antique, que l'on doit la majeure partie des œuvres présentées dans le musée. Les salles les plus impressionnantes sont au premier étage, où vous admirerez la force et la violence de la *Galata Suicida*, la délicatesse de la salle des Hermès, contenant plusieurs sculptures du dieu, et la finesse des bas-reliefs du sarcophage Grande Ludovisi. Une foule de dieux, de satyres et d'animaux figés pour toujours dans la pierre...

Piazza di Sant'Apollinare, 46 • ☎ 06 3996 7700 • www.museonazionaleromano.beniculturali.it • Mar.-dim. 9h-19h45 (sf. 1er janv. et 25 déc.) • Billet : 10 €, valable 1 semaine pour les 4 sites du Musée national romain ; gratuit 1er dim. du mois.

Chapelle Contarelli, San Luigi dei Francesi

⓮ SAN LUIGI DEI FRANCESI★★★

Dirigez-vous vers la chapelle Contarelli (au fond, à gauche) où sont accrochés trois tableaux du Caravage. Ils sont très audacieux par leur réalisme impitoyable et leur éclairage contrasté. Avec son clair-obscur dramatique, ce peintre de génie illustre la veine la plus noire de l'art baroque.

Piazza di San Luigi de' Francesi, 5 • ☎ 06 688 271 • www.saintlouis-rome.net • Lun.-ven. 9h30-12h45 et 14h30-18h30, sam. 9h30-12h15 et 14h30-18h30, dim. 11h30-12h45 et 14h30-18h30 (toutes les messes sont en français : lun.-ven. 19h, sam. 12h30, dim. 10h30).

Rome, berceau DE L'ART BAROQUE

Selon les historiens de l'art, le baroque italien serait né vers 1580. Exit la rigueur classique et les proportions strictes de la Renaissance : c'est le règne de l'ornement et de l'exubérance. Michel-Ange est considéré comme son précurseur, mais ce sont surtout les artistes Carrache, Maderno, Vignola, le Bernin et Borromini qui lui donnent ses lettres de noblesse. Ils s'attaquent à la sculpture et à la peinture, décorent les palais et les églises.

Les grands maîtres du baroque

L'art baroque atteint son apogée dans l'œuvre de Gian Lorenzo Bernini (1598-1680), dit **le Bernin.** Sculpteur, architecte et peintre, il a laissé son empreinte dans la ville : fontaines, chapelles, statues, églises, tombeaux, etc. L'expression fugitive ou l'instant dramatique figé dans le marbre rendent ses statues miraculeusement vivantes et l'imposent comme le meilleur sculpteur de sa génération : on songe à *Daphné* et au *Rapt de Proserpine* à la Galleria Borghese (p. 74), ou à l'*Extase de sainte Thérèse* (p. 88). Son contemporain et grand rival, l'architecte **Borromini** (1599-1667), innove dans des exercices de géométrie complexes et audacieux. On lui doit l'*Oratoire des Philippins*, la colonnade en trompe-l'œil du palazzo Spada (p. 56), la lanterne en spirale de Sant'Ivo alla Sapienza, la nef de San Giovanni in Laterano (p. 123) ou encore l'église San Carlo alle Quattro Fontane (p. 80) considérée comme l'un de ses chefs-d'œuvre.

LES ORIGINES DU *BAROCCO*

Édifiée entre 1568 et 1584, l'**église du Gesù** (p. 27), fondée par les jésuites et symbole de la Contre-Réforme, annonce la naissance du baroque à Rome. C'est aux **papes du XVIIe s.** que l'on doit le développement de ce nouvel art religieux. En véritables mécènes, ils convoquent architectes, peintres et sculpteurs pour leur confier la réalisation de monuments, d'églises et de fontaines à la gloire de la toute-puissance du catholicisme. **Théâtral et opulent, ce nouveau style** a profondément marqué la ville, de l'aménagement des espaces urbains aux décors somptueux des palais de l'aristocratie romaine, et a inspiré des artistes de l'Europe entière.

UNE VILLE QUI S'OUVRE

Sant'Agnese in Agone

Les papes urbanistes de la Renaissance entreprennent de **grands chantiers dans la ville :** Sixte Quint fait percer des avenues parsemées de fontaines et d'obélisques pour relier les basiliques du pèlerinage. Dans leur sillage, les papes du XVIIe s. aèrent la ville de places monumentales, véritables scénographies féeriques où s'exprime toute la fièvre baroque, comme la **piazza Navona** commandée par Innocent X Pamphilj (p. 45) ou la **place Saint-Pierre**, chef-d'œuvre du Bernin, avec son plan elliptique et sa splendide colonnade (p. 92). Le début du XVIIIe s. voit la réalisation des escaliers de la **piazza di Spagna** (p. 69), de la monumentale **fontaine de Trevi** (p. 79) et de la **piazza Sant'Ignazio** (p. 42) qui prolongent avec éclat ce goût romain pour la théâtralité.

LE TRIOMPHE DU MOUVEMENT

Bien qu'il s'inspire aussi de l'Antiquité, le baroque rompt avec l'art classique, harmonieux et ordonné, et l'art de la Renaissance en leur préférant **des formes dynamiques et une ornementation chargée**. Les colonnes du **baldaquin de Saint-Pierre** se tordent sous l'influence du Bernin (p. 93), les façades des églises s'incurvent comme à **Sant'Agnese in Agone** (p. 45), les statues semblent prendre vie dans la **fontana dei Quattro Fiumi** sur la piazza Navona (p. 45). L'ovale qui évoque la mobilité est utilisé pour les médaillons en stuc, le plan des salles, des coupoles et des églises comme à **Sant'Andrea al Quirinale** (p. 80).

DÉMESURE ET EXUBÉRANCE

Si les façades des églises et des palais se révèlent parfois austères, l'intérieur des édifices affiche en revanche un décor surchargé et exubérant. **Marbres polychromes, stucs, dorures, rocailles, cohortes de *putti*** (angelots) qui s'envolent dans les airs et peintures **se répandent dans les nefs pour susciter l'émerveillement des fidèles**. Les voûtes s'animent de **fresques en trompe-l'œil** et ouvrent sur des ciels infinis baignés de lumière divine. Les plus beaux plafonds ont été peints par de véritables virtuoses de l'illusion : Pierre de Cortone dans le salon du **palais Barberini** (p. 87) et il Baciccio dans la nef du **Gesù** (p. 27).

5 Autour du CAMPO DE' FIORI

● Restos & bistrots p. 136 ● Bars, clubs & sorties p. 163 ● Boutiques p. 191

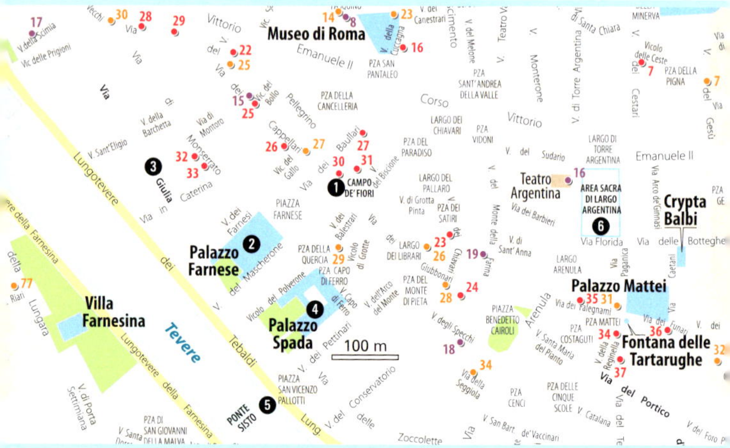

Via dei Cappellari (« chapeliers »), via dei Baullari (« fabricants de malles ») ou encore via dei Pettinari (« fabricants de peignes »)… autant de noms de rues qui témoignent des petits métiers d'autrefois et de la vocation commerciale de ce quartier depuis le Moyen Âge. Point de convergence de ces ruelles étroites émaillées de palais du XVIe s., le très animé Campo de' Fiori garde les traces d'un passé tumultueux. Alors truffée d'auberges et de tavernes, la place des exécutions capitales était aussi le lieu de travail de milliers de courtisanes à la Renaissance.

❶ CAMPO DE' FIORI★★★

Fréquentée le matin pour son marché très vivant, la place du « champ des Fleurs », avec ses maisons aux façades délavées, est truffée de restaurants et de bars, repaire des fêtards dès la nuit tombée. Au centre, la statue de Giordano Bruno commémore la condamnation par l'Inquisition du moine philosophe accusé

Campo de' Fiori

d'hérésie et brûlé vif en 1600. À l'angle de la via del Gallo et de la via dei Cappellari s'élève l'ancienne auberge de la Vache, qui appartenait à Vannozza Catanei, maîtresse du pape Alexandre VI et mère de ses quatre enfants, dont Lucrèce et César Borgia.
Marché : lun.-sam. 7h-14h.

❷ PALAZZO FARNESE**

À la mort de l'architecte Sangallo, en 1546, Michel-Ange reprit le chantier et réalisa la grande corniche du palais commandée par le cardinal Alexandre Farnèse. Joyaux du somptueux édifice, les fresques en trompe-l'œil de Carrache méritent la visite. Sur la place, les deux fontaines en forme de baignoire en granit d'un seul bloc ont été rapportées d'Égypte dans l'Antiquité et ornaient les thermes de Caracalla.
Siège de l'ambassade de France
• Piazza Farnese, 67 • ☎ 06 686 011
• Visites guidées les lun., mer. et ven. à 15h et 16h : 11 € (en français les lun.) ; infos et inscriptions (au plus tard 1 sem. avant la visite) sur le site www.inventerrome.com
• Enfants - 10 ans non admis.

❸ VIA GIULIA**

Percée par Bramante au XVIᵉ s. sur ordre du pape Jules II pour faciliter l'accès entre le Vatican et le centre-ville, l'élégante

Pause spécialité chez Supplizio

Cette adresse fait la part belle à une spécialité romaine méconnue : les *supplì*, de petites croquettes de risotto farcies de tomate et de mozzarella. Les Italiens les mangent en apéritif ou en entrée, mais elles peuvent constituer un repas. Ici, le chef Arcangelo Dandini en décline les saveurs : la carbonara, la beurre et anchois ou la *cacio e pepe* (*pecorino* et poivre noir)...

● 30 • Via dei Banchi Vecchi, 143 • ☎ 06 8987 1920 • Lun.-jeu. 12h-21h30, ven.-sam. 12h-15h30 et 18h30-22h30 • *Supplì* : 3 €.

via Giulia offre une agréable promenade de 1 km, jalonnée de palais aristocratiques, d'églises, d'antiquaires et de galeries d'art. À deux pas de l'Arco Farnese dessiné par Michel-Ange, jetez un œil à la fontana del Mascherone.

❹ PALAZZO SPADA★★

Dans la cour du palais Spada (1540), à gauche, il faut aller voir une stupéfiante colonnade illusionniste. Elle mesure seulement 9 m de long et paraît en faire 37 ! L'autre merveille de ce trompe-l'œil est la statue du fond qui ne mesure que 80 cm et qui, vue de loin, semble monumentale. Aujourd'hui, le palais abrite la **Galleria Spada** où l'on peut admirer, parmi les nombreux chefs-d'œuvre, des peintures de Guercin, Rubens, Guido Reni et Titien.

Piazza Capo di Ferro • ☎ 06 683 2409 ou ☎ 06 687 4896 • www.galleriaspada.beniculturali.it
Galleria Spada : lun. et mer.-dim. 8h30-19h (fermeture de la billetterie 30 min avant) ; f. 1er janv. et 25 déc. ; entrée : 5 €
Palazzo Spada : visite (en italien) le sam. sur résa.

❺ PONTE SISTO ET LES BORDS DU TIBRE★★

La traversée du pont Sisto est un réel plaisir pour le promeneur. D'abord parce qu'il est piéton mais aussi parce qu'il relie le Campo de' Fiori au Trastevere (p. 102).

Sur le pont, musiciens et artistes ambulants viennent se donner en spectacle. Une fois de l'autre côté, descendez les marches qui mènent sur la rive du Tibre afin d'admirer le chef-d'œuvre de l'artiste sud-africain William Kentridge : une frise de 80 dessins sur plus de 500 m de long qui retrace l'histoire de Rome depuis l'Antiquité jusqu'à l'époque moderne. Réalisée grâce à la technique du stencil (de l'eau forte pulvérisée sur des pochoirs pour nettoyer le mur), cette œuvre éphémère réalisée en 2016 disparaît progressivement. Très délavée, elle est encore partiellement visible.

6 AREA SACRA DI LARGO ARGENTINA**

Découverts entre 1925 et 1930, ces vestiges archéologiques sont les restes de quatre temples romains distincts dont le plus ancien date du IVe s. av. J.-C. Aujourd'hui, ce site sacré est habité par une multitude de chats, ce qui confère au lieu un charme des plus atypiques !

Visible de l'extérieur uniquement.

Ponte Sisto

6 Le Ghetto
UNE AMBIANCE QUASI MÉDIÉVALE

● Restos & bistrots p. 138 ● Boutiques p. 196

La communauté juive de Rome, qui a plus de deux mille ans d'existence, fut contrainte de se réunir dans ce quartier en 1555 par décision de Paul IV. Le Ghetto devint alors un faubourg emmuré, aux portes verrouillées la nuit, jusqu'à sa dissolution en 1870. Encore habité majoritairement par des familles juives, c'est aujourd'hui le siège de la grande synagogue de Rome. Dans ses ruelles tranquilles, vous verrez boutiques casher, orfèvres et tailleurs à l'ouvrage. Le soir, il fait bon goûter aux spécialités de la cuisine judéo-romaine dans les restaurants autour du portique d'Ottavia.

❶ TEATRO DI MARCELLO***

Voici sans doute l'une des plus grandes curiosités de Rome ! Les ruines du théâtre de Marcello, imaginé par César mais construit par Auguste vers 13 av. J.-C., ont été incorporées, au niveau des étages à arcades, à un palais Renaissance par l'architecte Baldassarre Peruzzi au XVIe s. Aujourd'hui, ce monument abrite des appartements de haut standing. Entrez dans l'aire archéologique pour vous rendre au pied de ce monument hybride avant de remonter vers le portique d'Octavie.

Via del Teatro di Marcello • T.l.j. nov.-mars 9h-18h, avr.-oct. 9h-19h • Visible de l'extérieur uniquement.

❷ VIA DEL PORTICO D'OTTAVIA***

L'une des rues les plus pittoresques de Rome doit son charme aux vestiges des trois cents colonnes du portique colossal (146 av. J.-C.) qui délimitait un ensemble de temples dédié à Jupiter et à Junon. Le portique lui-même avait été élevé par Auguste pour sa sœur Octavie (23 av. J.-C.). Au Moyen Âge, on construisit dans ses ruines la petite église de Sant'Angelo in Pescheria. Aujourd'hui, c'est le rendez-vous des vieilles dames animées par la passion des chats, nombreux dans ce quartier.

❸ MUSEO EBRAICO DI ROMA**

Objets d'art et de culte, archives, photographies et documents de l'Holocauste retracent la vie de la plus vieille communauté juive d'Europe. La visite de ce petit musée est obligatoire pour accéder à la grande **synagogue de Rome**, achevée en 1904, avec ses belles fresques Art nouveau, ainsi qu'à la petite synagogue espagnole aménagée en 1932 avec les éléments des vieilles synagogues du Ghetto.

Museo Ebraico di Roma

Lungotevere dei Cenci • ☎ 06 6840 0661 • www.museoebraico.roma.it • 1er oct.-10 nov. et 26 janv.-31 mars : dim.-jeu. 10h-17h, ven. 9h-14h ; 11 nov.-25 janv. : dim.-jeu. 9h30-16h15, ven. 9h-14h ; 1er avr.-30 sept. : lun.-jeu. 11h-17h, ven. 10h-16h, dim. 10h-18h • Entrée : 11 € • Attention : le musée est fermé pendant les fêtes juives (env. 20 j./an).

❹ ISOLA TIBERINA**

Île Tibérine

L'hôpital des Fatebenefratelli, rendu célèbre par le film de Nanni Moretti, *Journal intime*, occupe la totalité de l'île. Anciennement consacrée à Esculape, dieu de la Médecine (un temple lui étant dédié y fut bâti au IIIe s. av. J.-C., dont l'église San Bartolomeo a conservé des colonnes), elle perpétue sa vocation médicale avec son centre hospitalier encore en activité. Pendant la grande épidémie de 1656, on y regroupa tous les malades pour éviter la propagation de la peste. C'est le raccourci idéal si l'on veut se rendre du Ghetto au Trastevere ; vous emprunterez alors le ponte Fabricio construit en 62 av. J.-C.

❺ FONTANA DELLE TARTARUGHE***

Fontaine des Tortues

Cette fontaine, parmi les plus secrètes et les plus charmantes de Rome, nous raconte une histoire amusante. Pour impressionner son futur gendre, qui lui refusait sa fille, Muzio Mattei, propriétaire du palais voisin, fit installer la fontaine sur la place, sous sa fenêtre, en une nuit. Il l'avait

Pause glacée chez Alberto Pica

Les murs de ce glacier sont recouverts de « prix d'excellence ». Vous aurez ici le choix entre pas moins de cinquante variétés de glaces. De grands classiques y côtoient d'étonnantes raretés, comme la glace au citron d'Amalfi, au riz et à la cannelle. Laissez-vous tenter, c'est délicieux.

● 34 • Via della Seggiola, 12 • ☎ 06 686 8405 • Lun.-sam. 8h30-2h ; en été ouv. dim. 16h-minuit • Cornet : 2,50-3,50 € ; *coppa* : 2,50-7 €.

Isola Tiberina

simplement transférée depuis une place voisine, mais le stratagème fonctionna, et la fenêtre, par la suite murée, est encore visible. Lors de la restauration de 1653, des tortues furent ajoutées aux quatre baigneurs soutenant la vasque, lui donnant son nom.
Piazza Mattei.

❻ PALAZZO MATTEI**

Non loin de la rue Caetani où l'on trouva le corps d'Aldo Moro, exécuté par les Brigades rouges, vous découvrirez le palais Mattei, construit entre 1598 et 1618. Dans la cour, une stupéfiante collection de bustes, statues et bas-reliefs antiques. L'architecte Maderno (1618) les a utilisés comme un élément de décor en créant une véritable mise en scène baroque.
Centre d'études américaines • Via Caetani, 32 • ☎ 06 6880 1613 • www.centrostudiamericani.org • Cour accessible : lun.-jeu. 9h-17h30, ven. 9h-14h.

❼ CRYPTA BALBI - MUSEO NAZIONALE ROMANO**

Installé sur des vestiges romains et médiévaux, ce Musée archéologique raconte l'évolution urbanistique du quartier et le réemploi des monuments antiques à travers maquettes, plans et vidéos. Du théâtre de Balbus construit en 13 av. J.-C., il ne reste que le portique souterrain, dit « crypta Balbi ». Son exèdre (salle semi-circulaire) servit de temple, de latrines, d'atelier, de four et de cimetière. Les objets découverts (bijoux, objets de culte, etc.) évoquent le quotidien de nos ancêtres.
Via delle Botteghe Oscure, 31 • ☎ 06 3996 7701 • http://museonazionaleromano.beniculturali.it • Mar.-dim. 9h-19h45 ; f. 1er janv. et 25 déc. • Billet 10 € valable 1 semaine pour les 4 sites du Musée national romain ; billet à acheter sur le site : www.coopculture.it

Rome et l'eau, TOUTE UNE HISTOIRE

Que serait la *dolce vita* romaine sans la fontaine de Trevi ? Quel sort Romulus et Remus, que la légende présente comme les fondateurs de Rome, auraient-ils connu si une louve ne les avait pas sauvés des eaux du Tibre pour les élever ? À Rome, l'eau a toujours eu une signification mythique et originelle. C'est elle qui a permis le développement des thermes et qui a protégé la ville contre le choléra jusqu'au XIXe s. Les fontaines ont beau être moins nombreuses aujourd'hui (au IVe s., on en comptait pas moins de 1 352 en ville), elles continuent de déverser 2 000 litres d'eau par seconde... et, pour les plus célèbres d'entre elles, de fasciner des cohortes de touristes !

JEUX AQUATIQUES

Les jeux aquatiques étaient très prisés. On venait de toute l'Italie pour assister à ces **combats navals spectaculaires** pour lesquels on créait des lacs artificiels où s'affrontaient des bateaux à taille réelle ou légèrement réduite. L'empereur Claudius mobilisa pour ses jeux 100 navires de guerre et 19 000 hommes. Auguste, quant à lui, fit construire un aqueduc de 33 km pour alimenter un bassin de 200 000 m³ d'eau, ainsi qu'un canal entre le Tibre et la naumachie. Mais les eaux stagnantes provoquèrent des épidémies de malaria et le bassin fut détruit.

UN AQUEDUC ANTIQUE : ACQUEDOTTO VERGINE

Une eau miraculeuse

Selon une croyance toujours vivace, de nombreuses femmes stériles vont boire le jour de la Saint-Laurent l'eau du puits de San Lorenzo in Lucina (à deux pas de la piazza di Spagna), dans l'espoir de devenir mères.

À l'époque antique, les plus longs aqueducs mesuraient jusqu'à 80 km. Un réservoir en amont assurait une alimentation permanente. L'Acquedotto Vergine est l'un des plus célèbres : **aqueduc souterrain** percé par Agrippa en 19 av. J.-C., il fut le seul à avoir été épargné lors des invasions barbares à la chute de l'Empire. Si l'on en croit la légende, il doit son nom à la vierge (*virgo*) qui avait guidé les soldats jusqu'à sa source. Il alimente les fontaines de Trevi, de la piazza Navona et celles du Capitole. Son eau est réputée pour ses vertus curatives et l'aristocratie en emportait en voyage pour ne pas souffrir de maux de gorge. On peut le visiter (via del Nazareno, 9a ; 18 ; renseignements au service d'informations touristiques de Rome : ☎ 06 06 08 ; visite sur demande, résa obligatoire ; entrée : 4 €).

Villa Aldobrandini

LE TIBRE

Ce **petit fleuve** de près de 400 km de long, né dans les Apennins, n'a rien des grands cours d'eau qui traversent les capitales du nord de l'Europe. La plupart du temps, son débit est même ridiculement bas et ses berges sont envahies par des herbes folles. Les dessins de l'époque romantique nous montrent pourtant des maisons dont les fondations baignent directement dans le Tibre. Des plaques en travertin indiquent la hauteur des crues dévastatrices qui ont, de tout temps, ravagé la ville. Et c'est en remerciement de la décrue miraculeuse de 1624 que Pietro Bernini (père du Bernin) exécuta la fontaine de la piazza di Spagna. L'aménagement des quais n'eut lieu qu'à partir de 1870, sur une idée de Garibaldi.

LES FONTAINES DE ROME

Des graciles filets d'eau qui murmurent dans les ruelles aux folies baroques qui animent les places de spectaculaires jeux d'eau, impossible de faire quelques pas sans croiser une fontaine. Jouer la star de cinéma à la **fontaine de Trevi** (p. 79), s'émerveiller devant la délicate **fontaine des Tortues** (p. 60), succomber aux créatures sensuelles de la **fontaine des Naïades** (p. 86) ou se donner rendez-vous à la **fontaine de la Barque** (piazza di Spagna, p. 69) pour une séance shopping : chacune incarne l'un des aspects les plus attachants de la *dolce vita* romaine. Bien sûr, il est interdit de s'y baigner et l'eau est impropre à la consommation *(non potabile)*. Pour se rafraîchir, des *nasoni*, petites fontaines à robinet disséminées partout dans la ville, délivrent une eau très agréable à boire. Apparues au XIXe s., elles tiennent leur nom du robinet dont la forme évoque un « gros nez ».

7 La piazza di Spagna ET LE TRIDENTE

● Restos & bistrots p. 140 ● Bars, clubs & sorties p. 165 ● Boutiques p. 197

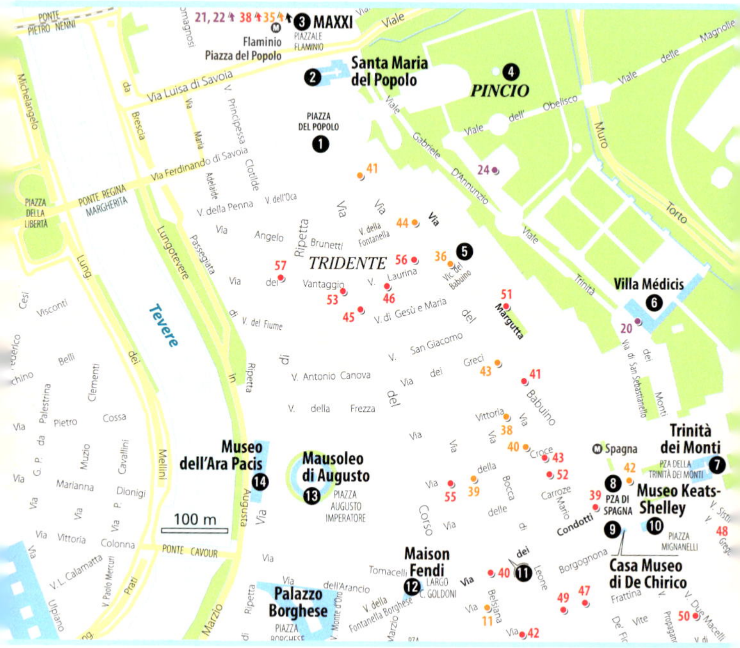

Le Tridente, ce quartier triangulaire qui part de la piazza del Popolo puis s'étend entre la via di Ripetta, la via del Babuino et la via Frattina, symbolise la Rome du luxe et du glamour. Indissociable des artistes qui l'ont aimé, de Poussin à John Keats en passant par Goethe et Fellini, ce quartier cosmopolite concentre les boutiques les plus prestigieuses et les grandes maisons de couture, aux côtés de restaurants raffinés et de bars à cocktails sélects. Une balade chic au goût de *dolce vita* !

❶ PIAZZA DEL POPOLO★★★

Théâtrale avec sa forme ovale, ses fontaines et ses statues, la place du Peuple, jadis lieu des exécutions publiques, fut réaménagée dans un style néoclassique au XIXe s. par Giuseppe Valadier. La porta del Popolo, percée dans le mur d'Aurélien au XVIe s. et décorée par le Bernin, constituait la principale entrée de la ville. Rapporté à Rome par Auguste pour orner le Circus Maximus, l'obélisque égyptien (XIIIe s. av. J.-C.) trône depuis le XVIe s. au centre de la place. Amusez-vous à trouver les différences entre les deux églises faussement jumelles qui encadrent la via del Corso.

Piazza del Popolo

❷ SANTA MARIA DEL POPOLO★★★

Située sur la place du même nom, l'église Santa Maria del Popolo cache des trésors sous une apparente austérité. Derrière une façade d'une fausse simplicité, vous découvrirez un joyau de la Renaissance, mâtiné de baroque. Les plus grands artistes italiens du XVe au XVIIe s. (Raphaël, Pinturicchio, Sebastiano del Piombo, Salviati, le Caravage, etc.) ont pris part à sa réalisation et l'intérieur abrite de véritables chefs-d'œuvre.

Un écrin pour de superbes œuvres d'art

L'église fut construite de 1472 à 1477 par Baccio Pontelli et Andrea Bregno. Au cours des siècles, elle a été réaménagée à différentes reprises et a fait l'objet de nombreux embellissements. Ainsi, Bramante prolongea l'abside au XVIe s. pendant que Raphaël dessinait la chapelle Chigi et, au XVIIe s., Carlo Fontana ajouta la chapelle Cybo. Enrichie de mosaïques, de fresques, de vitraux, de peintures et de sculptures, Santa Maria del Popolo constitue aujourd'hui un patrimoine artistique des plus précieux.

Le supplice de saint Pierre

Parmi les trésors de l'église (à voir absolument, 1 €), la *Crucifixion de saint Pierre* est exposée dans la chapelle Cerasi, à gauche du chœur. Peinte en 1601 par le Caravage, cette œuvre majeure est d'une maîtrise absolue qui rend la mise en croix particulièrement émouvante.

Une présence maléfique

Une croyance populaire prétend que Santa Maria del Popolo fut construite sur les ruines d'une chapelle médiévale, elle-même bâtie sur la sépulture de Néron. L'empereur, connu pour sa cruauté, venait hanter les lieux... Le pape Pascal II, afin de conjurer le sort, fit donc édifier, au XIIe s., une chapelle à l'emplacement de la tombe.

Piazza del Popolo, 12 • ☎ 06 361 0836 • Lun.-ven. 7h30-12h30 et 16h-19h, sam. 7h30-19h • Accès libre.

❸ MAXXI - MUSEO NAZIONALE DELLE ARTI DEL XXI SECOLO★★★

Trente mille mètres carrés dédiés à l'art et à l'architecture du XXIe s., cinq galeries d'exposition, des salles monumentales : depuis son inauguration en 2010, c'est le musée le plus moderne de la ville. Plusieurs expositions temporaires y ont lieu en même temps. Photo, vidéo, nouvelles technologies, les arts s'y affichent sans frontières. Avec des archives, une bibliothèque, un bar et un espace workshop, le musée a réussi son ambition de s'imposer comme un lieu d'échanges et de rencontres.

Santa Maria del Popolo

L'architecture

Faite pour marquer les esprits, la structure monumentale dessinée par Zaha Hadid a l'allure d'un navire de béton perché sur des pilastres d'acier. À l'intérieur, les murs penchés dessinent un espace fluide, traversé d'escaliers noirs serpentant entre les étages. Un lieu ouvert et connecté, aux salles longilignes, qui dénote brillamment dans la capitale du baroque et de l'antique.

Via Guido Reni, 4A (accès par tramway ligne 2, arrêt Flaminia-Reni ou Apollodoro ; bus 168, arrêt MAXXI-Reni/Flaminia ou bus 910, arrêt Flaminia/Reni ; métro A, arrêt Flaminio) • ☎ 06 320 1954 • www.maxxi.art • Mar.-ven. et sam. 11h-20h, mer.-jeu. et dim. 11h-19h ; f. 1er mai, 25 déc. • Entrée : 12 €.

❹ PINCIO★★★

Cette butte, perchée au-dessus de la piazza del Popolo, ne fait pas partie des sept collines mythiques de Rome, mais elle mérite largement une petite promenade tant le panorama qu'elle offre sur la ville est magique. Préférez les week-ends pour l'ambiance familiale et festive ou les fins

Pause artistique à l'Atelier Canova-Tadolini

C'est une riche idée que d'avoir ouvert cet endroit surréaliste : un restaurant-cafétéria-musée créé à l'intérieur même de l'atelier du célèbre sculpteur Canova. Sur deux étages, d'énormes sculptures habillent de façon très originale le lieu (certaines sont même suspendues au plafond !) tandis que quelques tables permettent de boire un café, prendre un verre ou déguster une assiette de charcuterie au milieu de ce spectacle féerique.

● 43 • Via del Babuino, 150/A-B • ☎ 06 3211 0702 • www.canovatadolini.com • Bar-cafétaria : t.l.j. 8h-23h ; restaurant : t.l.j. 12h-22h30 • Plats : 12-20 €.

d'après-midi pour les couchers de soleil romantiques. L'obélisque, qui trône au centre du Pincio, a été rapporté d'Égypte par l'empereur Hadrien et érigé ici à la demande du pape Pie VII en 1822. **Accès par un escalier situé sur la piazza del Popolo ou par le viale Trinità dei Monti.**

❺ VIA MARGUTTA***

Au XVIe s., peintres et sculpteurs installèrent leurs ateliers dans cette venelle alors occupée par les cabanes de cochers et les écuries des palais de la via del Babuino. La rue des artistes, où travaillèrent Gentileschi et sa fille Artemisia, devint dans les années 1950 et 1960 le rendez-vous de la contre-culture et de la bohème romaine : Fellini s'y installa, Sophia Loren y avait sa table. Loin de l'agitation des grandes rues, la charmante ruelle pavée avec ses cours fleuries accueille aujourd'hui des galeries d'art, d'antiquités et quelques artisans.

❻ VILLA MÉDICIS**

C'est à l'emplacement des célèbres jardins de Lucullus où l'impératrice Messaline a été assassinée que fut édifiée la villa au XVIe s. En 1576, le collectionneur et mécène Ferdinand de Médicis acquiert la demeure qui avait été construite par le cardinal Ricci da Montepulciano en 1540, et en fait une vitrine des arts, vocation qui se concrétise en 1803 avec l'installation de l'Académie de

Villa Médicis

France à Rome qui accueille depuis des artistes en résidence. Outre les nombreuses activités culturelles qui s'y déroulent, vous pourrez visiter ses jardins à l'italienne et profiter du panorama sur la ville depuis la terrasse.

Académie de France à Rome • Viale Trinità dei Monti, 1 • ☎ 06 67 611 • www.villamedici.it • Expos temporaires : mar.-dim. 10h-19h (billetterie 18h30) ; visite guidée (en français) de la villa t.l.j. à 16h30 ; visites guidées (en français) des jardins : mar.-dim. nov.-mars à 10h, 11h, 14h, 16h ; avr.-oct. à 10h, 11h, 12h, 15h, 16h30 et 18h • Entrée Villa et jardins : 12 €.

❼ TRINITÀ DEI MONTI***

Avec ses deux clochers, l'église de la Trinité-des-Monts trône au-dessus des escaliers de la piazza di Spagna. Érigée en 1502 sur ordre de Louis XII, puis restaurée en 1816, elle demeure aujourd'hui une des cinq églises françaises de Rome. Du haut de son parvis, elle offre une vue splendide sur les toits du quartier. Dans les douze chapelles, vous découvrirez notamment les fresques de l'*Assomption* et de la *Déposition de croix* de Daniele da Volterra.

Piazza della Trinità dei Monti, 3
• ☎ 06 679 4179
• Mar.-jeu. 10h15-20h, ven. 12h-21h, sam. minuit 15-21h, dim. 9h-20h
• Accès libre.

8 PIAZZA DI SPAGNA***

L'effet théâtral de l'immense escalier qui monte vers l'église de la Trinité-des-Monts, accentué par la forme resserrée de la place, est spectaculaire. Ses paliers et ses rampes harmonieux ont été construits au début du XVIIIe s. Sur cette scène, il n'est pas rare de croiser des célébrités suivies de leur *scorta* (« garde du corps ») ou par des paparazzi. C'est un des endroits les plus animés et les plus colorés de la ville. Asseyez-vous cinq minutes et amusez-vous à regarder passer les gens. Jetez un coup d'œil sur la fontaine de la Barcaccia (1629), œuvre de Pietro Bernini (le père du Bernin), en forme de barque prenant l'eau.

9 CASA MUSEO DI DE CHIRICO**

« Le centre de Rome ? Non, le centre du monde. » C'est ainsi que le peintre Giorgio De Chirico baptisait la piazza di Spagna où il vécut pendant trente ans, jusqu'à sa mort en 1978. En 1998, le musée qui porte son nom ouvrait ses portes, riche d'une collection de 300 œuvres. On y découvre des toiles majeures, dont *Orphée*, des sculptures, mais aussi sa chambre, monastique et son atelier resté en l'état. Captivant et émouvant.

Piazza di Spagna, 31 • ☎ 06 679 6546
• www.fondazionedechirico.org
• Visite guidée obligatoire (en anglais ou italien), sur résa (par tél. ou Internet) lun., jeu.-sam. et dern. dim. du mois 15h-19h : 7 €.

Casa Museo di De Chirico

Pause végétarienne chez Il Margutta

Le succès de ce restaurant végétarien est incontestable. La carte est créative et les plats sont si goûteux qu'ils déstabilisent n'importe quel amateur de viande. Son brunch à volonté décline les saveurs sucrées et salées tout au long de la semaine, et, le dimanche, il s'accompagne des accords du piano.

● 44 • Via Margutta, 118 • ☎ 06 3265 0577 • www.ilmargutta.bio • T.l.j. 9h-23h30 • Plats : 10-15 € ; brunch : t.l.j. 12h30-15h30, 15 € (sem.), 25 € (w.-e.).

⑩ MUSEO KEATS-SHELLEY*

C'est dans la *casetta rossa* (« petite maison rouge ») qui surplombe la piazza di Spagna que John Keats, alors âgé de 25 ans, fut emporté par la tuberculose en 1821. La demeure a été transformée en 1906 en musée-mémorial consacré au poète romantique et à son ami et compatriote Percy Bysshe Shelley qui mourut aussi en Italie l'année suivante, noyé dans le naufrage de son bateau. Portraits, manuscrits et masques mortuaires côtoient les 8 000 volumes de la bibliothèque.

Piazza di Spagna, 26 • ☎ 06 678 4235 • www.keats-shelley-house.org • Lun.-sam. 10h-13h et 14h-18h (f. 1er janv., 15 août, 8, 24 et 31 déc.) • Entrée : 6 €.

⑪ VIA DEI CONDOTTI***

Dans cette rue piétonne se sont installées les maisons les plus réputées comme Bulgari, Gucci, Prada, Biagiotti, La Perla et Ferragamo. Leurs luxueuses vitrines attirent une foule de curieux, d'acheteurs fortunés et de touristes admiratifs. Les séducteurs de la région trouvent parfois, dans ce haut lieu du charme, un terrain propice aux rencontres heureuses...

⑫ MAISON FENDI*

Un must international. Depuis mai 2005, à l'occasion des 80 ans de la marque, la maison Fendi a investi l'ancien **palais Ludovisi-Boncompagni**, un magnifique bâtiment de sept étages situé sur le Largo Goldoni. Rebaptisé « Palais Fendi », ce haut lieu de la mode abrite désormais un hôtel de sept chambres, le Zuma (restaurant de cuisine japonaise contemporaine), un atelier de fourrure, des appartements privés réservés aux clients importants et, surtout, la plus grande boutique au monde de la marque d'une surface de 700 m^2.

Largo Goldoni, 419/A (face à la via dei Condotti) • ☎ 06 334 501 • T.l.j. 10h-19h30.

⑬ MAUSOLEO DI AUGUSTO*

Ce bunker en rotonde de 87 m de diamètre où courent les herbes folles fut l'un des monuments les plus importants de la Rome antique. Il a été édifié en 28 av. J.-C. pour abriter les tombes d'Auguste et de ses descendants. Il faut imaginer ses murs de brique rouge recouverts de marbres précieux, ornés de statues et d'obélisques. Dans les années 1940, Mussolini habilla la place d'une architecture purement fasciste.
Piazza di Augusto Imperatore.

⑭ MUSEO DELL'ARA PACIS***

Conçu par l'architecte américain Richard Meier, le musée de l'Ara Pacis est controversé - car jugé trop moderne par rapport au paysage architectural romain - et pourtant majestueux ! Il abrite l'**Ara Pacis Augustae**, un autel, édifié dans les années 13-19 av. J.-C., qui commémore la paix d'Auguste après ses campagnes en Gaule et en Espagne. En 1937, une prouesse archéologique a permis de reconstituer le monument, dont des morceaux étaient éparpillés dans le monde entier.
Des expositions temporaires font dialoguer passé et présent.
Lungotevere in Augusta • ☎ 06 06 08 • www.arapacis.it • T.l.j. 9h30-19h30 (dernière entrée à 18h30) ; 24 et 31 déc. 9h30-14h ; f. 1er janv., 1er mai et 25 déc. • Entrée : 10,50 € (tarif majoré pour les expos temporaires).

Ara Pacis Augustae

8 La Villa Borghese SON PARC ET SES MUSÉES

● Restos & bistrots p. 142 ● Bars, clubs & sorties p. 167

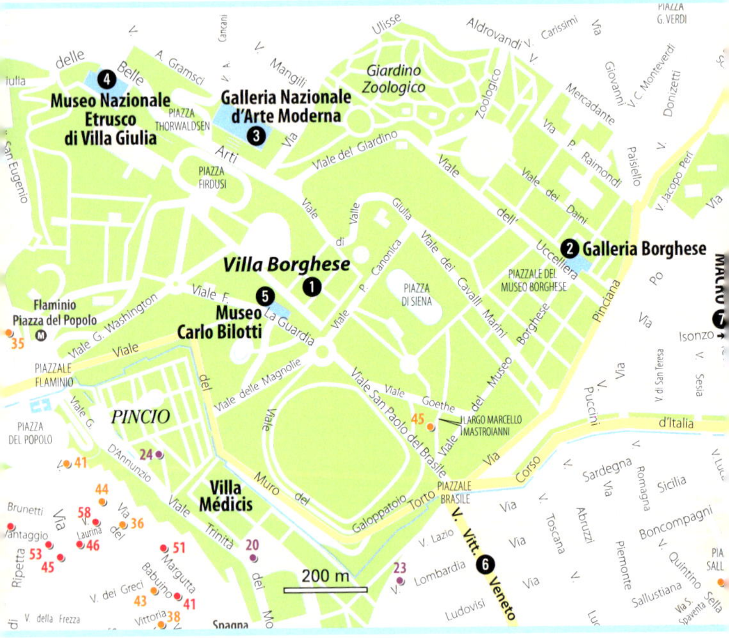

Lorsqu'un palais était édifié dans une zone encore campagnarde de Rome, on l'appelait « villa ». La Villa Borghese abrite la Galleria Borghese, aujourd'hui le plus riche musée de tableaux et de statues de la ville. Le palais se trouve au cœur d'un immense parc du même nom, très apprécié des Romains. Redessiné à la fin du XVIIIe s., celui-ci offre à voir au détour de ses allées des joyaux, comme la piazza di Siena ou le giardino del Lago et son joli tempietto d'Esculape.

❶ VILLA BORGHESE★★★

Créé au XVIIe s. à la demande du cardinal Scipione Borghese, neveu du pape Paul V, qui racheta les vignobles, à l'arrière du Pincio, ce magnifique parc, ouvert au public en 1901, offre un refuge paisible au cœur de l'agitation urbaine et un peu de fraîcheur à l'ombre des pins parasols. Zébré de longues allées et truffé de petits recoins romantiques, il comporte plusieurs musées, monuments, cafés, jeux d'eau, mais aussi une salle de cinéma, un théâtre pour enfants et un parc zoologique qui attirent une population de flâneurs, de sportifs et de familles en quête d'activités, ainsi que des amateurs d'art.

Architecture et nature

Ce premier parc à la française de Rome s'inscrit dans la tradition de la *villeggiatura* romaine, remise au goût du jour par les cardinaux et les papes à la Renaissance. Créé entre 1605 et 1633 à partir des dessins du cardinal Scipione Borghese, le domaine a été aménagé en jardins avec sa *casetta* ou « petite maison » qui abrite aujourd'hui la Galleria Borghese (p. 74), puis a été agrandi et remanié aux XVIIIe et XIXe s. À l'ombre des pins parasols et des chênes centenaires, le parc de 90 ha déroule de vastes pelouses (en accès libre) fendues de longues allées parsemées de fontaines et de statues de personnages illustres. De faux vestiges antiques surgissent par endroits, comme le temple d'Esculape, qui confère au jardin du Lac, aménagé à la fin du XVIIIe s., un romantisme très anglais. Le long du viale delle Belle Arti se dressent encore des pavillons édifiés pour l'Exposition internationale de 1911.

Villa Borghese

Le « parc des musées »

Outre la Galleria Borghese et la galerie nationale d'Art moderne (p. 75), le parc recèle, dans son orangerie, le **Museo Carlo Bilotti** (p. 76) qui expose les œuvres d'art réunies par l'industriel italo-américain. On y admire des toiles de De Chirico et de Warhol. Non loin du parc, le **Musée étrusque** (p. 76), logé dans la superbe **villa Giulia**, abrite une collection exceptionnelle d'antiquités préromaines dont l'émouvant sarcophage des Époux du IVᵉ s. av. J.-C. (voir p. 76).

Pour le corps et l'esprit

Les avenues asphaltées se prêtent à la pratique du roller, du skate et des balades à bicyclette (plusieurs points de location) tandis que le lac invite à une promenade en barque. L'amphithéâtre piazza di Siena accueille des manifestations hippiques. La Casa del Cinema organise des projections de films en plein air et le Globe Theatre met en scène des pièces de Shakespeare. Plusieurs activités sont destinées aux enfants : jeux, spectacles de marionnettes, Cinema dei Piccoli installé dans une cabane en bois et jardin zoologique (payant).

Entrée porta Pinciana, piazzale Brasile
- **T.l.j. de l'aube au coucher du soleil**
- **Résa obligatoire pour certains musées**
- **Balade en barque : t.l.j. 9h30-coucher du soleil ; 3,50 € les 20 min.**

❷ GALLERIA BORGHESE★★★

On doit la plus belle collection privée italienne au cardinal Scipione Borghese (1576-1633), féru d'art, grand collectionneur et mécène qui a constitué dans son pavillon de plaisance une véritable vitrine du baroque romain. Peu avant sa mort, il institue le fidéicommis qui rend sa collection inaliénable, si bien qu'aujourd'hui on déambule de pièce en pièce comme à l'époque des Borghese, la disposition des œuvres étant quasiment identique. En 1803, Napoléon réussit malgré tout à s'emparer d'une partie des œuvres qui constituent aujourd'hui le fonds Borghese au musée du Louvre.

La villa

L'architecte Flaminio Ponzio s'inspire des villas Médicis et Farnese pour dessiner la façade classique du palais. Commandé par Marc-Antoine IV Borghese vers 1770, le décor intérieur, qui s'inscrit dans la vague rococo du XVIIIᵉ s., est une débauche de marbres, de fresques et de stucs qui se répandent sur les plafonds et les murs. Le Grand Salon est le plus spectaculaire avec son plafond en trompe-l'œil et ses mosaïques romaines qui ornent le sol. Datant du IVᵉ s., elles représentent des combats de fauves et de gladiateurs.

Les sculptures

Le rez-de-chaussée réunit plusieurs chefs-d'œuvre de la sculpture antique et moderne. Outre le *David* (salle II) du Bernin qui serait un autoportrait de l'artiste alors âgé de 25 ans, on est saisi par le mouvement du *Rapt de Proserpine* (salle IV, notez la main de Pluton pressant la cuisse de Proserpine) et le merveilleux *Apollon et Daphné* (salle III). La jeune femme se transformant en laurier est une incarnation de la grâce. Chef-d'œuvre de la sculpture néoclassique, la *Pauline Borghese* de Canova (salle I), dont la sensualité fit sensation à l'époque, pose en Vénus victorieuse.

Les peintures

Avant de grimper au 1er étage qui abrite la pinacothèque, ne manquez pas les œuvres du Caravage, le peintre favori de Borghese, en salle VIII : la *Madone des palefreniers, David tenant la tête de Goliath, Bacchus malade, Saint Jérôme, Saint Jean-Baptiste et le Jeune Garçon à la corbeille de fruits*. Vous pourrez admirer ensuite *L'Amour sacré et L'Amour profane* de Titien, la *Cène* de Bassano ainsi que deux œuvres majeures de Raphaël : la *Déposition de croix* réalisée en 1507 et la délicate *Dame à la licorne*.

Piazzale del Museo Borghese, 5 • www.galleriaborghese.beniculturali.it • Résa obligatoire : ☎ 06 328 10 ou sur www.tosc.it ; mar.-dim.

Galleria Borghese

9h-19h ; f. 1er janv. et 25 déc. • Entrée : 13 € + 2 € (résa), prix variables si expos • Visite limitée à 2 h. dernière entrée à 17h (se présenter 30 min av.) • Visites guidées : mar.-sam. à 9h10 (anglais), 11h10 (anglais et italien), 15h10 et 17h10 (italien) ; dim. et j.f. 9h10 et 11h10 (anglais et italien), 13h10, 15h10 et 17h10 (italien) ; suppl. : 6,50 €.

❸ GALLERIA NAZIONALE D'ARTE MODERNA**

Il faut marcher à travers le parc pour accéder à ce musée d'Art moderne qui abrite une formidable collection d'impressionnistes

Pause *aperitivo* au Chill Bar Casina Valadier

Sur l'ordre de Napoléon, la colline du Pincio s'orna de ce petit pavillon néoclassique réalisé par l'architecte Valadier. L'idée d'origine était déjà d'y installer un lieu de restauration ; aujourd'hui, on y vient surtout pour boire un verre en contemplant les toits de Rome. Fresques, stucs et élégance définissent le bar et sa terrasse installés au premier étage.

● 24 • Piazza Bucarest, Villa Borghese • ☎ 06 6992 2090 • http://casinavaladier.com/chill-bar • Mar.-dim. 17h-23h • Cocktails : 18 €.

italiens de la fin du XIXe s. Aussi des œuvres de Balla et de Boccioni (futuristes italiens) et quelques-unes de Kandinsky, Henry Moore ou encore Cézanne. Sans oublier la collection de sculptures italiennes des XIXe et XXe s.

Viale delle Belle Arti, 131 • ☎ 06 3229 8221 • www.lagallerianazionale.com • Mar.-dim. 9h-19h (dernière entrée à 18h15) • Entrée : 10 €.

❹ MUSEO NAZIONALE ETRUSCO DI VILLA GIULIA★★

Quand Rome était encore retranchée derrière ses murs, les grandes familles se faisaient construire, à l'extérieur de la ville, de luxuriantes résidences secondaires. Le pape Jules III commanda ainsi en 1551 cette merveilleuse demeure où architecture, jardins et fontaines cohabitent harmonieusement. Par la pergola en trompe-l'œil décorée de fresques et de grotesques, on accède à la fontaine du Nymphée envahie de mousse. Un cadre charmant pour le Musée national dédié aux Étrusques, qui peuplaient l'Italie du Latium à l'Émilie-Romagne entre l'âge de bronze et le IIIe s. av. J.-C. La visite permet de découvrir une civilisation pratiquement oubliée, puis retrouvée à partir du XVIIIe s. : ses monuments funéraires ornés de fresques, ses bijoux, ses nombreuses œuvres d'art et son architecture. Le sarcophage des Époux, pièce majeure du musée, montre tout le raffinement de l'art et de l'artisanat étrusques.

Piazzale di Villa Giulia, 9 • ☎ 06 322 6571 • Mar.-dim. 9h-20h ; f. 1er janv., 25 avr. et 1er mai • Entrée : 10 €, gratuit 1er dim. du mois.

❺ MUSEO CARLO BILOTTI★★

Ce petit musée renferme les peintures, dessins et sculptures appartenant au collectionneur d'art Carlo Bilotti. Vous y découvrirez des œuvres de Larry Rivers, Andy Warhol, Gino Severini, Giacomo Manzù mais surtout de Giorgio De Chirico dont vous pouvez admirer la majeure partie des toiles piazza di Spagna (p. 69). Le musée accueille aussi des expositions temporaires d'art contemporain.

Aranciera di Villa Borghese • Viale Fiorello La Guardia • www.museocarlobilotti.it • Oct.-mai : mar.-ven. 10h-16h, sam.-dim. 10h-19h ; juin-sept. : mar.-ven. 13h-19h, sam.-dim. 10h-19h (dernière entrée 30 min av.) ; 24 et 31 déc. : 10h-14h ; f. 25 déc., 1er janv. et 1er mai • Accès libre.

6 VIA VITTORIO VENETO*

Cette longue avenue pentue a été, dans les années 1960, le repaire de toutes les stars de cinéma, ce qui lui valut le surnom de « Dolce Vita ». Aujourd'hui, elle est avant tout le repaire des touristes puisqu'elle abrite des hôtels de luxe et des cafés hors de prix. Qu'importe, descendez-la depuis la porta Pinciana jusqu'à la place Barberini et profitez de son élégante architecture.

MACRO

7 MACRO - MUSEO D'ARTE CONTEMPORANEA ROMA***

D'anciennes brasseries datant du début du XXe s. ont été savamment reconverties pour accueillir le musée d'Art contemporain de Rome : galerie vitrée et passerelles futuristes vous permettront de déambuler d'un espace à un autre.

Les collections se consacrent principalement à des artistes italiens tels Mimmo Rotella, Ettore Colla, Gastone Novelli, Nicola Carrino ou Maria Lai. De très intéressantes expositions temporaires, davantage tournées vers l'international, sont également proposées.

Via Nizza, 138 (bus 89 depuis la Villa Borghese. Arrêt Nizza/Mantova) • ☎ 06 0669 6271 • www.museomacro.it • Mar.-jeu. 11h-20h, ven.-sam. 11h-22h, dim. 11h-20h ; f. 25 déc, 1er janv. et 1er mai • Accès libre.

9 Le Quirinal ET LA FONTAINE DE TREVI

● Restos & bistrots p. 142 ● Bars, clubs & sorties p. 167

Au XVIe s., la plus haute colline de Rome s'attire la faveur des papes qui y établissent leur résidence d'été. Palais, églises et fontaines poussent alors le long des grandes artères aérées de ce merveilleux belvédère où se déroule aujourd'hui la vie politique italienne. Pour exemple, le prestigieux Palais des expositions situé sur la via Nazionale, qui s'étend de la piazza della Repubblica jusqu'au Capitole. Au pied de la colline, du côté ouest, les ruelles médiévales de Trevi grouillent de bazars à souvenirs pour les hordes de touristes venus jeter une pièce dans la célèbre fontaine baroque, immortalisée par Federico Fellini dans *La Dolce Vita*. Un rite auquel il faut sacrifier, dos au bassin et par-dessus l'épaule gauche, si l'on veut être certain de revenir dans la Ville Éternelle !

Fontaine de Trevi

❶ FONTAINE DE TREVI★★★

Trois rues *(tre vie)* mènent à la spectaculaire bacchanale aquatique mise en scène au XVIIIe s. par Nicola Salvi. Le char de Neptune, conduit hors des flots par des chevaux marins et des tritons, surgit devant la façade classique du palazzo Poli sous l'œil des statues de l'Abondance et de la Salubrité. N'essayez pas de reproduire la scène mythique de *La Dolce Vita* dans laquelle Anita Ekberg se rafraîchit sous les yeux subjugués de Marcello Mastroianni, il est formellement interdit de s'y baigner. Pour échapper à la foule, il faut venir de bon matin, mais c'est à la nuit tombée que l'émerveillement sera total.

Piazza di Trevi.

❷ GALLERIA SCIARRA★★

Sur quatre étages, la façade Art nouveau de ce passage peu emprunté est ornée de fresques dédiées à la glorification de la femme, représentée selon les valeurs de la société bourgeoise post-Unité italienne de la fin du XIXe s. On passe des activités quotidiennes de la femme (élever

Pause glacée chez San Crispino

À l'arrière de la fontaine de Trevi, ce minuscule glacier est la coqueluche des Romains en raison du raffinement des parfums proposés : la glace au gingembre et à la cannelle, aux noix et figues fraîches, au citron des îles ou l'irrésistible meringue aux pépites de chocolat. Il y a souvent la queue, mais ça vaut l'attente !

● 50 • Via della Panetteria, 42 • ☎ 06 679 3924 • www.ilgelatodisancrispino.it • Dim.-jeu. 11h-0h30, ven.-sam. 11h-1h30 • *Coppetta* : dès 2,70 €.

les enfants, jardiner, aller au spectacle) à son statut social de mère et d'épouse, pour finir avec la figuration des vertus féminines telles l'Humilité, la Patience, la Fidélité... tout un programme. Cherchez l'unique silhouette masculine : il s'agit de l'écrivain Gabriele d'Annunzio, dont les romans chantent les vertus et la séduction des femmes.
Via del Corso, 239 • Lun.-jeu. 10h-20h • Accès libre.

❸ GALLERIA COLONNA**

Dans l'un des plus somptueux intérieurs baroques de Rome présentant une belle collection de peintures, vous verrez le célèbre *Mangeur de haricots* d'Annibale Carrache parmi des œuvres de Botticelli, Bronzino ou du Tintoret. Parcourez sa Grande Galerie débordante de luxe pour vous plonger dans l'intimité de cette résidence privée d'une grande famille aristocratique de la ville.
Via della Pilotta, 17 • ☎ 06 678 4350 • www.galleriacolonna.it • Sam. 9h-13h15 (visites guidées en italien à 10h, 11h et 12h30 ; en français à 10h30 ; en anglais à 12h) ; f. en août • Entrée : 12 €.

❹ PALAZZO DELLE ESPOSIZIONI**

Cet imposant palais, datant de 1883, abrite le plus grand lieu d'expositions de toute la ville ! Ses 10 000 m² accueillent des expositions de grande qualité sur l'art contemporain, le cinéma ou la photographie, ainsi qu'un cinéma, un auditorium, un restaurant design et une cafétéria.
Via Nazionale, 194 • ☎ 06 3996 7500 • www.palazzoesposizioni.it • Mar.-jeu. et dim. 10h-20h, ven.-sam. 10h-22h30 (dernière entrée 1 h av. la fermeture) • Entrée (selon expo) : 10-13,50 €.

❺ SANT'ANDREA AL QUIRINALE***

Avec son élégant plan ovale et ses savants effets, l'église Sant'Andrea était pour son créateur, le Bernin, l'une de ses meilleures œuvres (1658). À deux pas, la superbe coupole de l'église **San Carlo alle Quattro Fontane** (même

rue, n° 23 ; ☎ 06 488 32 61 ; lun.-sam. 10h-13h), chef-d'œuvre de son rival Borromini.
Via del Quirinale, 29 • ☎ 06 487 4565 • Mar.-sam. 9h-12h et 15h-18h • Messe le dim. à 10h30.

❻ PIAZZA ET PALAZZO DEL QUIRINALE***

Depuis le XVIe s., cette colline ventilée, point culminant de Rome, est le lieu de résidence ou de villégiature favori des puissances politiques. D'abord occupé par les papes, qui viennent y passer l'été au frais, le palais du Quirinal devient par la suite résidence royale, puis présidentielle. Un palais parmi les plus vastes au monde, où sont accueillis les chefs d'État étrangers.

La place

Les dimensions généreuses de cette place publique annoncent la grandeur du palais, avec sa fontaine colossale coiffée d'un obélisque, prélevé sur la tombe d'Auguste, et de statues de Castor et Pollux provenant des thermes de Constantin. La vue sur le centre historique décline dômes et clochers à perte de vue. Le dimanche, le spectacle est assuré par la relève de la garde.

Le palais et ses jardins

Autour du cortile central et de sa tour de l'Horloge, les salles du palais témoignent des goûts des

Sant'Andrea al Quirinale

différents occupants, du baroque romain au néo-roccoco. L'escalier monumental conduit au clou de la visite, le Salone dei Corazzi et la Cappela Paolina, dont la forme reprend celle de la chapelle Sixtine. Vertigineuses avec leurs plafonds sculptés et ornés de fresques, ces deux salles servirent à plusieurs reprises aux réunions du Conclave. Suivent une infinité de salles merveilleuses décorées d'œuvres d'art et d'objets exotiques, dont le bureau du président de la République. Pour parfaire la résidence, 4 ha de jardins semés de fontaines. Pour finir, le musée des Carrosses présente un échantillon de l'écurie royale, dont un drôle de carrosse pour bébés.
Piazza del Quirinale • ☎ 06 46 991 • www.quirinale.it • F. Pâques, 25 avr., 1er mai, 29 mai-4 juin, août, Noël • Visite guidée obligatoire (en italien), résa sur Internet 5 j. av. mini. ; deux parcours : simple (palais seul) à 1,50 € (durée 1 h 20) ou complet (avec jardins et musée) à 10 € (durée 2 h 30).

10 De Monti À L'ESQUILIN

● Restos & bistrots p. 144 ● Bars, clubs & sorties p. 167 ● Boutiques p. 203

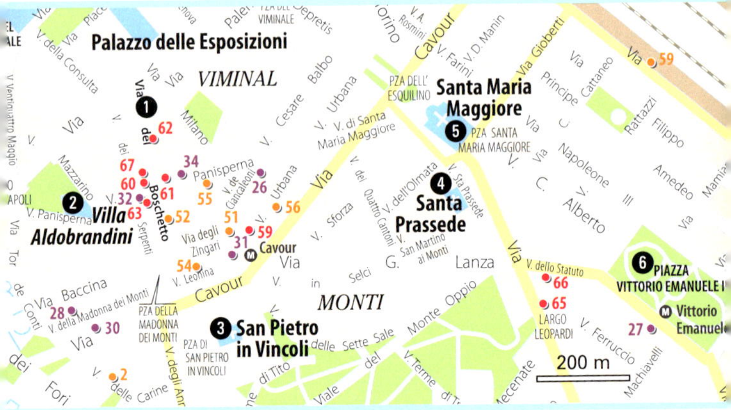

Il faut flâner dans les ruelles pavées du quartier de Monti, prisé par la jeunesse bohème pour ses cafés bio, ses créateurs et ses bars animés à l'heure de l'*aperitivo*. Son atmosphère chaleureuse ferait presque oublier que jadis s'y déployait la Suburra, la zone la plus malfamée de la Rome antique. Au nord-est, en direction de la gare Termini, l'Esquilin arbore un visage multiculturel, truffé de boutiques de vêtements bon marché *made in China* et d'épiceries pakistanaises.

❶ VIA DEL BOSCHETTO★★★

Cette ruelle qui dégringole de la via Nazionale à la via Cavour s'attire les faveurs des fashionistas en quête de pièces uniques et branchées. De jeunes créateurs romains y ont installé leurs boutiques-ateliers et diffusent leurs propres lignes de vêtements. Bric-à-brac, boutiques de design et ateliers d'artisans squattent aussi les échoppes minuscules des petites maisons serrées. Continuez la balade dans les rues Serpenti, Panisperna, Zingari, Leonina et Madonna dei Monti, pittoresques à souhait.

❷ PARC DE LA VILLA ALDOBRANDINI**

Même si l'entrée n'est pas très avenante, osez grimper les quelques marches qui mènent au jardin de la villa Aldobrandini. Vous y découvrirez un petit parc niché dans les airs qui offre une vue magnifique sur les toits de la Rome antique et baroque. Ses allées sinueuses et sablées vous promènent au milieu de statues antiques, de pins parasols et d'orangers. Il ne vous reste plus qu'à vous installer sur la pelouse ou sur un banc pour vous relaxer.

Via Mazzarino, 1 • Oct.-fév. : t.l.j. 7h-18h ; mars et sept. : t.l.j. 7h-20h ; avr.-août : t.l.j. 7h-21h • Accès libre (les 3 pavillons aux coins du parc sont fermés au public).

❸ SAN PIETRO IN VINCOLI***

L'église Saint-Pierre-aux-Liens fut fondée en 442 par l'impératrice Eudoxie pour abriter les chaînes de saint Pierre exposées sous l'autel. La légende raconte qu'une fois rapportées de Jérusalem, les chaînes se seraient miraculeusement soudées. La basilique est surtout célèbre pour le chef-d'œuvre de la Renaissance qu'elle renferme : la sculpture colossale du *Moïse* de Michel-Ange qui orne le mausolée de Jules II.

Piazza di San Pietro in Vincoli, 4/A • ☎ 06 9784 4952 • T.l.j. 8h-12h30 et 15h-19h (fermeture à 18h en hiver).

San Pietro in Vincoli

❹ SANTA PRASSEDE*

Cette basilique construite au IXe s. par le pape Pascal Ier est décorée de somptueuses mosaïques byzantines qui se déploient sur les arcs triomphaux et l'abside. Clou de la visite, l'éblouissante chapelle Saint-Zénon entièrement recouverte de mosaïques multicolores sur fond d'or où l'on reconnaît Theodora, mère du pape, à son auréole carrée. Elle renferme la colonne de jaspe à laquelle le Christ aurait été attaché lors de la flagellation.

Via di Santa Prassede, 9/A • ☎ 06 488 2456 • Lun.-sam. 7h-12h et 15h-18h30 ; dim. 7h30-12h30 et 15h-18h30.

❺ SANTA MARIA MAGGIORE***

C'est en faisant miraculeusement tomber la neige sur le mont Esquilin que la Madonna della Neve aurait indiqué, le 5 août 352, le lieu de construction de la basilique. Au Ve s., Sixte III entame la construction de ce qui deviendra l'une des quatre églises patriarcales de Rome, liées directement au Pape (avec Saint-Pierre, Saint-Jean-de-Latran et Saint-Paul-hors-les-Murs). Passé la façade baroque, les mosaïques du Ve s. décorant la nef rappellent magnifiquement les origines de l'édifice. Sur visite guidée, on accède à la Loggia delle Benedizioni où d'autres mosaïques du XIIIe s. racontent l'épisode miraculeux ; puis à la Sala dei Papi où admirer l'escalier hélicoïdal

Santa Prassede

Piazza Vittorio Emanuele II

conçu par le Bernin. La basilique réserve encore d'autres surprises : au sous-sol, les *scavi archeologici* ont révélé des restes d'époque romaine, dont une Domus du IVe s.
Piazza di Santa Maria Maggiore
• ☎ 06 6988 6800 • T.l.j. 7h-18h45
• Basilique : accès libre ; musée : 3 €
• Visites guidées à 5 € : basilique ; ou Loggia delle Benedizioni + Sala dei Papi + Scala del Bernini ; ou Scavi Archeologici (site archéologique).

❻ PIAZZA VITTORIO EMANUELE II*

Au cœur de ce quartier cosmopolite qui compte une soixantaine de communautés ethniques, la piazza Vittorio a été aménagée au XIXe s. après l'unification de l'Italie. Elle est bordée de grands immeubles à arcades qui abritent de petits commerces en tout genre. Le jardin central est occupé par les vestiges d'une fontaine monumentale datant du IIIe s. Ornée de signes cabalistiques, la Porte magique toute proche donnait jadis sur la villa du marquis Palombara, qui cherchait à percer le mystère de la pierre philosophale.

11 Autour de la piazza DELLA REPUBBLICA

● Restos & bistrots p. 145 ● Bars, clubs & sorties p. 172

Symbole de l'expansion de la ville au XIXe s., la piazza della Repubblica, rafraîchie par la fontaine des Naïades qui scandalisa la bonne société romaine lors de son inauguration, abrite sous ses arcades cafés et cinémas. Mélange d'architectures fascistes et années 1960, la gare Termini a fait du quartier une zone de transit. Il faut pourtant s'y arrêter pour admirer les trésors du palazzo Massimo alle Terme et du palazzo Barberini.

❶ PIAZZA BARBERINI★★

Sur la piazza Barberini, deux fontaines du Bernin se côtoient. L'une, au coin de la via Veneto, est petite. Elle offre à boire aux abeilles, les emblèmes de la famille Barberini. L'autre, la fontaine des Naïades, ornée d'un immense triton, occupe le centre de la place. Ce réalisme animalier était très avant-gardiste pour l'époque.

❷ SANTA MARIA DELLA CONCEZIONE E CIMITERO DEI CAPPUCCINI**

La crypte de Santa Maria della Concezione est un lieu à la fois sinistre et fascinant. Les capucins ont tapissé les voûtes de cinq chapelles avec les crânes de leurs frères morts, soit environ 4 000 moines. On est bien loin de l'atmosphère frivole qui règne autour des grands hôtels, bars et boutiques de luxe qui se succèdent le long de la via Veneto.

Via Vittorio Veneto, 27 • ☎ 06 8880 3695 • www.cappucciniviaveneto.it • T.l.j. 7h-18h (dernière entrée à 17h30) ; f. 1er janv., Pâques et 25 déc. • Église : accès libre ; entrée de la crypte : 8,50 € ; audioguide (en anglais, italien, espagnol) : 5 €.

Palazzo Barberini

❸ PALAZZO BARBERINI - GALLERIA NAZIONALE D'ARTE ANTICA***

De ce palais baroque construit conjointement par les architectes Maderno, Borromini et le Bernin pour le pape Urbain VIII, on retient autant les œuvres d'art que leur mise en scène. Pour connecter les étages de ce musée abritant une importante collection de peintures du XIIIe au XVIe s., chacun des deux escaliers a été construit par les rivaux Bernin et Borromini. D'un côté, la magnificence massive du Bernin, de l'autre la rondeur hélicoïdale de l'escalier plus privé de Borromini. Outre la sensuelle *Fornarina* de Raphaël, le puissant portrait d'Henri VIII par Holbein ou la violence de *Judith et Holopherne* du Caravage, on admirera avec émotion le plafond du Grand Salon, peint par Pietro da Cortona. Ode baroque en trompe-l'œil, ces 30 000 m² de fresques représentant le *Triomphe de la Providence* ont de quoi donner le vertige.

Via delle Quattro Fontane, 13 • ☎ 06 481 4591 • www.barberinicorsini.org • Mar.-dim. 8h30-19h (dernière entrée à 18h) ; f. 1er janv. et 25 déc. • Entrée : 12 € (valable 10 j., donne aussi accès à la Galleria Corsini, p. 104).

Santa Maria della Vittoria

❹ SANTA MARIA DELLA VITTORIA**

Au sein de la chapelle Cornaro de l'église Santa Maria della Vittoria se trouve une célèbre sculpture du Bernin (1646), l'une de ses œuvres les plus audacieuses, illustrant l'extase de **sainte Thérèse d'Àvila**. La sensualité qu'elle évoque a inspiré de nombreuses interprétations. Le traitement du drapé qui se tord et tourbillonne était tout à fait révolutionnaire pour l'époque.

Via Venti Settembre, 17 • ☎ 06 4274 0571 • T.l.j. 8h30-12h et 15h30-18h (dim. ap.-m. seulement) • Accès libre.

❺ SANTA MARIA DEGLI ANGELI E DEI MARTIRI**

Aménagée par Michel-Ange (1561) à la demande de Pie IV, cette église dédiée aux chrétiens morts pendant la construction des thermes est sans doute **l'une des plus atypiques de Rome.** L'entrée, avec sa façade concave, correspond à l'une des absides de l'ancienne salle des bains tièdes tandis que la nef, aux proportions colossales, occupe l'ancien *frigidarium*. Des œuvres d'art contemporain y sont exposées.

Piazza della Repubblica • ☎ 06 488 0812 • www.santamariadegliangeliroma.it • Lun.-sam. 7h30-18h30, dim. et j.f. 7h30-19h30 • Accès libre.

❻ TERME DI DIOCLEZIANO - MUSEO NAZIONALE ROMANO**

Édifiés entre 298 et 306 par quarante mille ouvriers, pour la plupart chrétiens, les thermes de Dioclétien étaient les plus grands de la Rome antique. Composés d'une grande piscine, de salles d'eau froide, tiède et chaude, de gymnases, de salles de concert, de salles d'exposition et même de jardins, ce complexe luxueux pouvait recevoir jusqu'à trois mille baigneurs ! Les vestiges, étendus sur plusieurs sites (église Santa Maria degli Angeli, Museo Nazionale Romano et Aula Ottogona, via Romita), témoignent de leur gigantisme, mais on ne peut qu'imaginer la beauté du décor aujourd'hui disparu. Installé sur une portion du site des thermes de Dioclétien, ce musée abrite tout le matériel épigraphique (étude des inscriptions sur la pierre, l'argile, le métal, etc.) des collections nationales d'art antique : bas-reliefs, stèles et autels dont les inscriptions sont une mine d'informations sur la vie antique. Si vous n'êtes pas d'humeur à déchiffrer des textes en latin, vous apprécierez en revanche les jardins, la majestueuse salle X aménagée dans les thermes avec ses deux sépultures peintes *(colombarium)* ainsi que le cloître de Santa Maria degli Angeli, attribué à Michel-Ange, peuplé de quatre cents statues et sarcophages.

Viale Enrico de Nicola, 79 • ☎ 06 684 851 • www.museonazionaleromano.beniculturali.it • Mar.-ven. 14h-19h45 et sam.-dim. 10h30-19h45 ; f. 1er janv. et 25 déc. • Entrée : 10 €, valable pour les 4 sites du Musée national romain pour 1 semaine ; gratuit 1er dim. du mois.

Santa Maria degli Angeli e dei Martiri

❼ PALAZZO MASSIMO ALLE TERME - MUSEO NAZIONALE ROMANO★★★

Construit à la demande de Massimiliano Massimo entre 1883 et 1887 pour servir de siège au collège des jésuites (il le restera jusqu'en 1960), cet ancien palais a nécessité de nombreuses années de travail pour être transformé en musée. Aujourd'hui, le palazzo Massimo alle Terme abrite la partie la plus importante du Musée national romain. Les plus belles œuvres d'art de l'Antiquité romaine s'y trouvent, ainsi qu'une collection des pièces de monnaie antiques et médiévales.

Les sculptures

La collection de sculptures s'étend de la fin de la période républicaine (IIe et Ier s. av. J.-C.) à la fin de l'époque impériale (IVe s.).

Installée au rez-de-chaussée et au 1er étage du musée, elle est exposée au sein de diverses salles et galeries de façon chronologique et thématique, ce qui permet de porter un regard différent sur l'histoire. Parmi les œuvres à ne pas manquer : la statue d'Auguste en *pontifex maximus* (salle V, rez-de-chaussé), la *Niobide blessée* et le *Pugile* (salle VII, rez-de-chaussée), la statue d'*Aphrodite accroupie* et le *Discobole Lancellotti* (salle V, 1er étage) ; et la statue d'*Hermaphrodite endormi* (salle VII, 1er étage).

Les fresques

Les fresques et les peintures du 2e étage constituent les pièces absolument essentielles du musée ! Véritables témoins du luxe avec lequel les habitations étaient enrichies et agrandies par des trompe-l'œil, ces œuvres magistrales proviennent toutes de différentes villas romaines. Les fresques du *triclinium* (« salle à manger ») de la **villa de Livie** sont également saisissantes de beauté. Elles plaçaient les convives de l'épouse d'Auguste au cœur d'un jardin luxuriant, peuplé d'oiseaux, d'arbres fruitiers et de fleurs délicates. Parmi les fresques de la villa Farnesina où domine le rouge pompéien, ne manquez pas les saynètes érotiques qui ornaient les *cubicula* (« chambres à coucher »).

Palazzo Massimo alle Terme

Pause musicale à la Pasticceria Dagnino

Tous les jours, à 17h, la terrasse de ce café-pâtisserie résonne au son du piano. On est loin de l'atmosphère empressée de la piazza della Repubblica toute proche. Serveurs tirés à quatre épingles, douceurs raffinées et ambiance délicieusement rétro font le charme de ce café logé dans l'écrin de la Galleria Esedra. À midi, possibilité de déjeuner en choisissant légumes ou pâtes du buffet chaud.

● 62 • Via Vittorio Emanuele Orlando, 75, Galleria Esedra • ☎ 06 481 8660 • T.l.j. 7h-23h • Pâtisserie : à partir 1,50 € ; *aperitivo* : 10 €.

Les mosaïques

Même si les pièces les plus prestigieuses sont regroupées au 2e étage, les mosaïques sont exposées dans divers endroits. À voir, des compositions représentant des scènes de pêche, des animaux (crocodiles, hippopotames, chats, canards, etc.) des satyres ou encore des gladiateurs. On trouve également de beaux exemples d'*opus sectile*, technique de marqueterie mêlant le marbre, la pâte de verre, la nacre et la pierre.

Largo di Villa Peretti, 1 • ☎ 06 3996 7701 • www.museonazionaleromano.beniculturali.it • www.coopculture.it • Mar.-ven. 14h-19h45 et sam.-dim. 10h30-19h45 ; f. 1er janv. et 25 déc. • Entrée : 10 €, valable pour les 4 sites du Musée national romain pour 1 semaine ; gratuit 1er dim. du mois ; billet à acheter sur le site : www.coopculture.it

12 La cité DU VATICAN

● Restos & bistrots p. 147 ● Bars, clubs & sorties p. 173 ● Boutiques p. 205

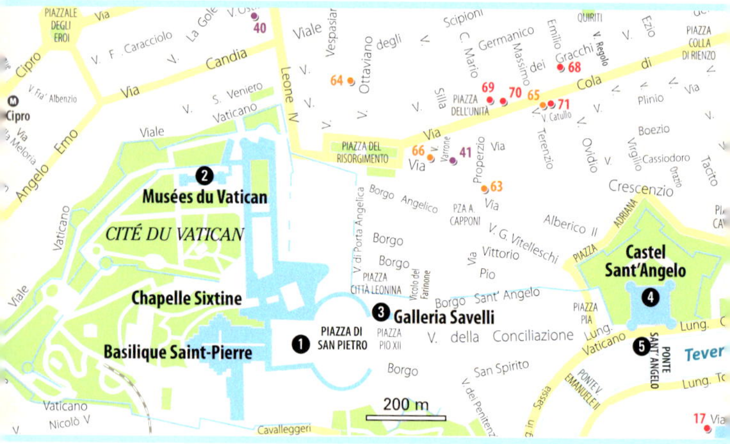

Ville dans la ville, ou plutôt État dans la ville depuis 1929, la résidence des papes a été édifiée sur le tombeau de saint Pierre. Une gigantesque basilique, onze musées, la magnifique chapelle Sixtine, une garde suisse, une station de radio qui émet dans le monde entier, une chaîne de télévision, un quotidien, une organisation sophistiquée avec panneaux indicateurs... et plus d'un millier de résidents font tourner ce nombril de la chrétienté gouverné par le pape.

❶ BASILIQUE ET PLACE SAINT-PIERRE***

Basilica e piazza di San Pietro
Le plus petit État du monde, le Vatican, abrite sur son territoire la plus grande basilique de la chrétienté. Élevées à la gloire de Dieu, la basilique et la place Saint-Pierre, qui lui sert d'écrin, symbolisent certainement le mieux la cité papale. Essayez d'y passer au moment de la bénédiction du pape le dimanche midi.

L'œuvre du Bernin

Pensée et réalisée au XVIIe s. par le Bernin, la place Saint-Pierre est une véritable réussite architecturale. Spectaculaire, elle déploie sa colonnade en ellipsoïde avec, de chaque côté, deux hémicycles qui forment de longs portiques soutenus par une quadruple colonnade dont la balustrade supérieure est rythmée par 140 statues de saints. Le maître du baroque a ainsi créé une place solennelle et imposante, capable d'accueillir la foule de fidèles venus assister aux bénédictions du pape.

Une longue histoire

La basilique Saint-Pierre, en parfaite adéquation avec la piazza, est un reliquaire de l'histoire et des formes de l'art romain. Elle est l'héritière d'une première basilique édifiée sous Constantin au IVe s. qui elle-même remplaçait un modeste sanctuaire élevé sur le tombeau de saint Pierre. L'édifice primitif tombant en ruine, le pape Jules II entreprend, en 1506, la construction d'une nouvelle basilique aux dimensions impressionnantes : 187 m de long et une superficie de 22 000 m^{2}. Pendant plus d'un siècle, les plus célèbres architectes y ont œuvré.

Des chefs-d'œuvre par milliers

Si vous disposez de peu de temps pour visiter la basilique, plusieurs œuvres demeurent incontournables. Ainsi, ne manquez pas le groupe en marbre de Michel-Ange intitulé la *Pietà*, le tombeau d'Urbain VIII situé à droite de la chaire et le baldaquin qui domine la nef, deux pures merveilles du Bernin. Pour avoir une vue plongeante sur l'intérieur de la basilique, rendez-vous dans la galerie qui entoure le tambour. Enfin, depuis la coupole haute de 136,50 m dessinée par Michel-Ange, vous aurez une vue panoramique sur la place Saint-Pierre.

Les gardes suisses

Fondée en 1505, la Garde pontificale de mercenaires suisses

Pietà, basilique Saint-Pierre

doit peut-être son uniforme à Michel-Ange. Pantalons bouffants, justaucorps façonnés en pointe, manches amples, le tout dans un motif rayé à larges bandes bleu nuit et jaune canari d'où émerge le rouge des sous-vêtements, gants blancs, jabot immaculé, casque de fer à aigrettes pourpres, hallebarde, épée...
La garde se compose de 4 officiers, 23 sous-officiers, 70 hallebardiers et 2 tambours qui protègent le *Sommo Pontefice*.

Gardes suisses, Vatican

☎ 06 6988 3145 ou 06 6988 4676 ou 06 6982 • www.vaticanstate.va ; www.museivaticani.va • Attention aux files d'attente ; dernière entrée 1 h av. la fermeture • Respecter les règles vestimentaires (voir infos pratiques p. 217). **Basilique** : t.l.j. 7h-19h (18h30 oct.-mars) • Accès libre.
Musée du Trésor : t.l.j. 8h-19h (18h15 oct.-mars) (dernière entrée à 18h30, 17h40 oct.-mars) • Entrée : 5 €.
Coupole : t.l.j. 7h30-18h (17h oct.-mars) • Entrée : 8 € (10 € avec ascenseur).

❷ MUSÉES DU VATICAN★★★

Musei Vaticani
Les palais, construits à partir du XIIIe s. pour les papes, abritent aujourd'hui les **onze musées** du Vatican. Vu leur ampleur, inutile de préciser qu'ils ne peuvent pas être visités en une seule fois.
Le temps d'un grand week-end, il est tout de même possible d'avoir un aperçu de leurs richesses inouïes, notamment en allant voir la chapelle Sixtine et les Chambres de Raphaël. Notre sélection comprend, dans l'ordre logique de la visite, les points les plus marquants de ces immenses musées.

Les musées en un coup d'œil

Ils renferment les magnifiques collections d'œuvres d'art amassées par les souverains pontifes durant quatre siècles : antiquités égyptiennes, étrusques et gréco-romaines, peintures d'époque classique et Renaissance

Musées du Vatican

représentent un patrimoine artistique extraordinaire.

La pinacothèque

Seize salles proposent un parcours chronologique dans l'histoire de l'art sacré, du XIIe au XIXe s. On y croise des chefs-d'œuvre renommés, comme la *Transfiguration* de Raphaël ou la *Mise au tombeau* du Caravage.

Le musée Pio Clementino

Il est peuplé d'environ 600 animaux et corps de marbre surgis de l'Antiquité grecque et romaine. La cour octogonale, cœur des musées, abrite des œuvres qui inspirèrent Michel-Ange : le visage du Christ de la chapelle Sixtine emprunte aux traits délicats de l'*Apollon du Belvédère*, et la tension dramatique du *groupe du Laocoon*, retrouvé dans les ruines de la Domus Aurea, aurait ému le maître aux larmes. On passe ensuite par la salle des Animaux, véritable arche de Noé figée dans la pierre.

La Galerie des cartes géographiques

De part et d'autre de ce couloir long de 120 m est représentée toute la péninsule italienne, telle qu'elle était à la fin du XVIe s. Le moindre village, le plus petit lac : toute l'Italie (ainsi que la Corse et Avignon) fut dépeinte avec minutie par le dominicain Ignazio Danzi, dans un cadre décoré de stucs et enrichi de figures allégoriques. La représentation des villes, comme Venise ou Rome, est particulièrement frappante.

Les Chambres de Raphaël *(Stanze)*

En 1508, Jules II demande à Raphaël de s'occuper de la décoration de ses appartements. L'artiste, âgé de 24 ans, dispose de quatre pièces et d'une grande salle pour exprimer tout son talent. Il réalise alors de somptueuses fresques qui rendent hommage à l'histoire sainte, aux grands domaines de la connaissance (la théologie, la philosophie, la poésie, la justice) et aux pontificats de Léon III et de Léon IV.

La chapelle Sixtine

Commandée par Sixte IV, la chapelle est édifiée entre 1473 et 1484. Pour la décoration intérieure de l'édifice, le pape fait appel aux plus grands artistes de son temps. Pérugin, Botticelli ou Ghirlandaio réalisent alors les peintures murales des parois latérales. Au XVIe s., la rénovation de la chapelle est confiée à Michel-Ange qui signe les superbes fresques de la voûte ainsi que le célèbre *Jugement dernier* (1534-1541) situé au-dessus de l'autel. C'est ici qu'ont lieu, à huis clos, les réunions du Conclave pour l'élection du pape.

Les jardins

Déjà minuscule, l'État du Vatican est occupé au tiers par ses jardins. Les vignes et les cultures du Moyen Âge ont progressivement laissé place à des jardins d'agrément, espace de promenade et de méditation. Un vaste havre de paix que l'on ne visite que le matin, pour laisser au pape le loisir de s'y retirer durant l'après-midi. Les merveilles de la nature servent de cadre à la beauté de l'architecture : dans le Rosetto, la silhouette de la coupole Saint-Pierre apparaît entre les fleurs ; au bord de la fontaine du Pavillon maniériste Pie VI, les tortues nagent à l'ombre des palmiers.

Entrée viale Vaticano • ☎ 06 6988 3145 et 06 6988 4676 • www.museivaticani.va • Lun.-sam. 8h30-18h30 (dernière entrée à 16h30) • Entrée : 17 € ; la réservation est obligatoire sur le site : www.museivaticani.va et coûte 4 € ; les entrées sont contingentées et les créneaux horaires indiqués sur le ticket doivent être respectés (il est interdit d'entrer avant l'heure indiquée ou 30 min après celle-ci) • Visite guidée : 30 € ; rendez-vous aux musées 15 min avant l'heure de la visite • Attention aux règles vestimentaires (voir infos pratiques p. 217).

❸ GALLERIA SAVELLI*

Avec ses trois magasins dont un donnant sur la place Saint-Pierre, la Galleria Savelli est le plus grand fournisseur d'articles religieux de Rome et cela depuis 1898 ! Rosaires, médailles de baptême, crucifix, statuettes de saints... tous les articles sont créés exclusivement pour la maison Savelli par des artisans italiens. Vous pouvez vous y procurer une bénédiction apostolique, datée et signée par le pape.

Via Paolo VI, 27 • ☎ 06 6880 6383 • www.savellireligious.com • Lun.-sam. 9h-19h (18h en hiver) ; dim. 9h-18h (10h-14h janv. et fév.).

❹ CASTEL SANT'ANGELO**

Mausolée conçu pour l'empereur Hadrien (130-139), prison, citadelle et résidence des papes, le château Saint-Ange, situé sur la rive droite du Tibre en face du ponte San Angelo, abrite un musée retraçant

La chapelle Sixtine, vue de l'extérieur

son histoire. Il est relié au Vatican par un corridor. On peut admirer le panorama depuis la terrasse, comme dans le dernier acte de la *Tosca*, puis prendre un café dans une tour du rempart !

Une histoire agitée

En 271, le castel Sant'Angelo est fortifié et Aurélien l'intègre comme bastion dans la muraille qu'il construit autour de la ville. Transformé en véritable forteresse, il est utilisé durant les temps troublés du Moyen Âge comme prison et refuge. Demeure des grandes familles seigneuriales pendant un temps, le château est récupéré au XIIIe s. par l'autorité papale. Sa fonction défensive est renforcée par de nouvelles fortifications et les papes s'installent dans des appartements privés.

Un nom évocateur

D'après la légende, l'archange Michel apparaît en 590 au sommet de la citadelle et, sous les yeux du pape Grégoire le Grand, met fin à la terrible épidémie de peste qui sévit à Rome. Pour rendre hommage à ce miracle, le mausolée d'Hadrien prend le nom de castel Sant'Angelo au IXe s.

Le luxe papal

Dans cette résidence papale, les appartements aménagés témoignent des goûts luxueux de leurs propriétaires. Celui de Paul III est particulièrement raffiné : les pièces regorgent d'éléments décoratifs comme l'atteste la salle du Conseil ornée de stucs, de peintures murales et de décorations en trompe-l'œil.

La chambre de Persée et celle d'Amour et Psyché sont décorées par des frises de Perin del Vaga.

Lungotevere Castello, 50
• ☎ 06 681 9111 et 06 32 810 (billetterie)
• www.castelsantangelo.beniculturali.it
• T.l.j. 9h-19h30 (dernière entrée 18h30) ; f. 1er janv. et 25 déc.
• Entrée : 15 € (tarif augmenté si expo), gratuit 1er dim. du mois.

5 PONTE SANT'ANGELO★★★

Le pont Saint-Ange, qui aboutit au castel Sant'Angelo, offre avec son reflet sur le Tibre un visage romantique de Rome. En 134, l'empereur Hadrien fait ordonner la construction d'un pont (baptisé alors Pons Ælius) pour offrir un accès direct, et majestueux, à son mausolée. Un pont antique sur les fondations duquel est édifié l'actuel pont piéton. En 1668, le pont Saint-Ange est orné de dix statues d'anges portant les instruments de la Passion. Elles sont réalisées par le Bernin et ses élèves. Aujourd'hui, deux d'entre elles (celle avec la couronne d'épines et celle qui tient le phylactère avec l'inscription « INRI ») sont des copies. Les statues originales, exécutées par le Bernin, sont conservées dans l'**église Sant'Andrea delle Fratte** (via di Sant' Andrea delle Fratte, 1 - 18).

Castel et ponte Sant'Angelo

Top des plus beaux points de vue

Rome est une destination rêvée pour ceux qui aiment flâner en admirant les lumières de la ville. Celles qui dessinent des ombres sur les coupoles et les toits, entremêlées aux silhouettes des pins parasols. D'une colline à l'autre, la ville se révèle, somptueuse au coucher du soleil, merveilleuse au petit matin, belle à toute heure du jour.

PINCIO

Point de chute idéal de la *passegiata* en fin de journée, la terrasse du Pincio surplombe superbement la piazza del Popolo et ses églises jumelles. Voir p. 67.

AVENTIN

Une colline sur laquelle flotte le doux parfum des orangers. Dans le Giardino degli Aranci, vue d'aigle sur Saint-Pierre et le Tibre. Voir p. 108.

JANICULE

De cette promenade suspendue au-dessus du Trastevere, le regard embrasse le centre historique de Rome et porte jusqu'à la Villa Médicis, perdue au milieu du vert de la Villa Borghese. Voir p. 105.

CAPITOLE

Au pied de cette antique colline s'étendent les ruines du Forum romain, à contempler sans se lasser après avoir traversé la place du Capitole, dessinée par Michel-Ange. Voir p. 24.

COUPOLE DE LA BASILIQUE SAINT-PIERRE

L'expérience vertigineuse de l'ascension au sommet de la coupole Saint-Pierre, à 137 m de haut, par un escalier au sein de la voûte, gratifie par une vue à 360 degrés sur Rome et les jardins du Vatican. Voir p. 92.

Vue sur la ville depuis le Janicule

Rome ET LA CHRÉTIENTÉ

Pas de doute, Rome est bel et bien la capitale du catholicisme : les curés, nonnes et séminaristes déambulent dans toute la ville et convergent vers la via dei Cestari, une rue bordée de boutiques spécialisées qui les habillent de pied en cap. Au cours de votre week-end, vous croiserez aussi beaucoup de pèlerins, attirés par le Vatican tout proche, et des centaines d'églises plus ou moins connues. Pour ceux qui voudraient pousser l'expérience jusqu'au bout, pourquoi ne pas assister à une bénédiction papale le dimanche midi place Saint-Pierre ?

Lieux de pèlerinage

Le pèlerinage à Rome a toujours été l'un des plus importants de la chrétienté. D'ailleurs, dans l'année même de la présentation par le pape Boniface VIII, le 22 février 1300, d'une bulle pontificale accordant à tout pèlerin une indulgence plénière, la ville accueillit pas moins de deux millions de fidèles ! En dehors de la basilique Saint-Pierre du Vatican (p. 92), les lieux de pèlerinage sont les basiliques majeures de Saint-Paul-hors-les-Murs, Saint-Jean-de-Latran (p. 123) et Sainte-Marie-Majeure, ainsi que celles de Sainte-Croix-de-Jérusalem, Saint-Laurent-hors-les-Murs, Saint-Sébastien et les catacombes chrétiennes près de la via Appia.

CONSTANTIN IER

En se convertissant au christianisme, l'empereur Constantin va bouleverser la position de l'Empire. La légende veut qu'il ait eu une vision de la croix chrétienne peu avant la bataille du pont Milvius, en 312. La victoire lors de cette bataille aurait entraîné sa conversion immédiate. Constantin ouvre alors la **liberté de culte** et autorise la **religion chrétienne** qui devient légale en 313. Sans perdre de temps, il fait construire sur le territoire du Latran San Giovanni in Laterano (Saint-Jean-de-Latran, p. 123), qui devient la première basilique chrétienne de Rome. Le palais du Latran fut d'ailleurs la résidence officielle des papes jusqu'à leur exil en Avignon en 1309. En 322, toujours désireux de favoriser la foi chrétienne, il fait ériger une basilique dédiée à saint Pierre à l'endroit présumé de la crucifixion du saint apôtre. Ce monument sera démoli au début du XVIe s., sur ordre du pape Jules II, afin d'en construire un plus prestigieux, qui n'est autre que la basilique actuelle. À la fin du IVe s., du fait de la conversion et de la ferveur de Constantin, le christianisme devient la religion officielle de l'Empire romain.

San Giovanni in Laterano

DES ÉGLISES PAR CENTAINES

Au Ve s, le pape Léon Ier affirme la primauté de l'évêque de Rome sur le patriarche de Constantinople. Cette nouvelle position marque le début de la construction d'édifices monumentaux ayant pour but d'**affirmer la suprématie de l'Église**. C'est ainsi que la basilique Santa Sabina (p. 110) sera bâtie volontairement en plein quartier païen ! Au fil des siècles, les églises se font nombreuses, qu'il s'agisse de nouvelles constructions ou de transformations d'anciens temples païens en églises chrétiennes. Ce fut le cas du Panthéon, consacré au VIIe s. par le pape Boniface IV. Cette ineffable métamorphose permet au christianisme de s'imposer comme religion majoritaire et conduit Rome à devenir la **capitale des États pontificaux** en 756.

RICHESSE ARTISTIQUE

La Renaissance, puis surtout la période baroque (XVIIe s.) sont très prospères pour la papauté qui fait **appel aux plus grands artistes pour construire et décorer églises et palais**. L'art permet alors d'affirmer la puissance pontificale aux yeux de tous. Le premier artiste à avoir imposé l'architecture Renaissance à Rome est **Bramante** (1444-1514), à qui l'on doit le sublime cloître de l'église Santa Maria della Pace (p. 47). C'est aussi à lui que le pape Jules II commande la basilique Saint-Pierre. Ce dernier fera appel à **Raphaël** pour la décoration de ses appartements (*Le Stanze*, au Vatican) et à **Michel-Ange** pour son tombeau. La grande figure artistique de la période baroque est incontestablement l'architecte-sculpteur Gian Lorenzo Bernini, dit **le Bernin**. Désigné architecte officiel de Saint-Pierre par le pape Urbain VIII, il est à l'origine de la fontana dei Quattro Fiumi (p. 45), de la piazza et du palazzo Barberini (p. 87), de la colonnade de la piazza di San Pietro (p. 93) et de l'éléphant de la piazza della Minerva (p. 40).

13 Le Trastevere « L'AU-DELÀ DU TIBRE »

● Restos & bistrots p. 148 ● Bars, clubs & sorties p. 174 ● Boutiques p. 207

Bohème, branchée et populaire à la fois, la « Rive gauche » de Rome déverse sa bonne humeur dans un enchevêtrement de ruelles pavées où le linge sèche encore aux balcons. Barbiers à l'ancienne, échoppes d'artisans et *trattorie* authentiques y côtoient boutiques de créateurs, cafés littéraires et bars tendance. Au pied du mont Janicule, qui livre les plus beaux points de vue sur la ville, ses ruelles très fréquentées continuent à charmer Romains et touristes. N'hésitez pas à traverser le viale di Trastevere pour découvrir le sud du quartier, plus calme.

❶ SANTA MARIA IN TRASTEVERE★★★

Paresseuse le jour, la belle place piétonne s'anime à la tombée de la nuit. Bars et restaurants font le plein sous l'œil indulgent d'une émouvante Vierge à l'Enfant. Cette mosaïque de la façade de la basilique Santa Maria in Trastevere ne doit pas vous faire oublier celle, superbe, de l'abside qui s'intitule la *Vie de la Vierge* de Pietro Cavallini. Notez que vous êtes ici en face du premier édifice chrétien officiellement ouvert au culte ; c'était au milieu du IIIe s. Évidemment, l'église que vous voyez a été reconstruite au cours des XIIe, XVIIe et XIXe s.

Piazza Santa Maria in Trastevere • ☎ 06 581 4802 • T.l.j. 7h30-21h (en août 8h-12h et 16h-21h) • Accès libre.

❷ SANTA MARIA DELLA SCALA★★

L'autel aux marbres polychromes, et ses envols d'amours, est un exemple de ces époustouflants élans baroques témoignant de l'intense dévotion des fidèles. Sur demande (5 pers. min., résa par tél. ☎ 068 806 233), visitez l'ancienne pharmacie où Fra Basilio (1726-1804) inventa l'« eau contre l'hystérie ».
Piazza della Scala, 23 • T.l.j. 10h-13h et 16h-17h30 • Accès libre.

Piazza Santa Maria in Trastevere

❸ VILLA FARNESINA★★★

Un riche banquier humaniste, Augustin Chigi, fit édifier au bord du Tibre cette villa « des délices » pour en faire le centre de la vie intellectuelle et mondaine de Rome. Il commanda pour la décorer des fresques à Raphaël, mais le peintre tomba amoureux et laissa inachevée la peinture de la loggia, qui illustrait la légende de Psyché. Reste sa magnifique Galatée, entourée de génies marins. La villa entière chante l'art de la Renaissance. Au rez-de-chaussée, les fresques de Baldassare Peruzzi célèbrent l'astrologie, tandis que la loggia d'Amore e Psiche accueillait les fêtes du banquier avec sa pergola peinte et ses personnages en banquet. À l'étage, la salle des perspectives nous montre la campagne romaine telle qu'on pouvait la voir à l'époque, encadrée de colonnes en trompe-l'œil.

Via della Lungara, 230 • ☎ 06 6802 7268 • www.villafarnesina.it • Lun.-sam. 9h-14h (dernière entrée à 13h30) • Entrée : 10 €.

Villa Farnesina

❹ GALLERIA CORSINI - GALLERIA NAZIONALE D'ARTE ANTICA★★

Michel-Ange, Bramante, Érasme et la reine Christine de Suède ont habité ce palais du XVIe s. entièrement remanié en 1736 pour la famille Corsini. Léguée à l'État en 1883, la collection d'art réunie par cette famille étroitement liée à la papauté fait partie de la galerie nationale d'Art ancien avec le palazzo Barberini (p. 87). Elle comprend quelque trois cents tableaux du XIVe au XVIIIe s. dont un *Saint Jean-Baptiste* du Caravage et le *Jugement dernier* de Fra Angelico parmi des œuvres de Raphaël, Titien, Hans Holbein le Jeune, Rubens, Poussin, etc. La chambre de la reine Christine, qui a vu défiler nombre d'amants et d'amantes, est ornée de fresques de la fin du XVIe s.

Via della Lungara, 10 • ☎ 06 6880 2323 • www.barberinicorsini.org • Lun. et mer.-dim. 8h30-19h (dernière entrée à 18h30) ; f. le mar. • Entrée : 12 € (valable 10 j., donne accès au palazzo Barberini, p. 87) • F. pour travaux.

Pause rétro-chic au Caffè Lungara 1940

Avec ses murs vitrés et sa déco chic et colorée, à mi-chemin entre le rétro et le contemporain, le Caffè Lungara 1940 attire l'œil du passant. Et c'est tant mieux car on y savoure de délicieux sandwichs et de bons petits plats du jour à toute heure de la journée. Pas de carte, tout est présenté en vitrine de façon fort alléchante. Une vraie pause...

● 77 • Via della Lungara, 14 • ☎ 06 687 5626 • Lun.-sam. 7h30-22h et dim. 7h30-15h (12h-14h : service au bar) • Sandwich : env. 4 € ; plat du jour : 6 €.

❺ PARC DU JANICULE★★★

Parco del Gianicolo

Allée en balcon qui serpente sur la plus haute colline de Rome, la **passeggiata del Gianicolo** (promenade du Janicule) ménage un panorama splendide sur la ville, apprécié avant vous par Chateaubriand, Stendhal et Zola. Les amoureux aiment s'y retrouver au coucher du soleil tandis que les spectacles de marionnettes attirent les familles le week-end. Les monuments et bustes garibaldiens commémorent la bataille féroce qui opposa, en 1849, Giuseppe Garibaldi et les défenseurs de la République romaine à l'armée française venue en aide au pape. Au printemps, la végétation est en fleurs, faites un saut au **Jardin botanique** (Orto Botanico) situé à deux pas et profitez d'une balade à travers la bambouseraie, la roseraie, le jardin japonais ou la serre tropicale.

Parco del Gianicolo, entrée par la via Garibaldi • Orto Botanico, largo Cristina di Svezia, 24, entrée par la via Corsini ; avr.-oct. t.l.j. 9h-18h30, nov.-mars t.l.j. 9h-17h30 • Entrée : 8 €, résa conseillée : ortobotanicoroma@yahoo.com

❻ SAN PIETRO IN MONTORIO E TEMPIETTO DEL BRAMANTE★★★

Chef-d'œuvre de la Renaissance dessiné par Bramante (1502), ce petit temple rond, d'une élégance toute classique avec son plan centré et sa colonnade dorique, est serti comme un bijou dans la cour de cette église, longtemps considérée à tort comme le lieu de la crucifixion de saint Pierre.

Piazza di San Pietro in Montorio, 2
• ☎ 06 581 3940
• www.sanpietroinmontorio.it
Église : lun.-ven. 8h30-12h et 15h-16h, sam.-dim. 8h30-12h ; f. l'ap.-m. les jours fériés.
Temple : mar.-dim. 10h-18h (entrée par l'Academia de España, au n° 3 ; www.accademiaspagna.org)
• Accès libre.

7 SANTA CECILIA IN TRASTEVERE**

Du portail décoré de statues au jardin à la formidable fontaine, l'espace s'articule pour guider théâtralement le visiteur à travers la nef unique éclairée de grandes lucarnes baroques, jusqu'à la tombe de la martyre romaine sainte Cécile. Une délicate sculpture de marbre, signée Stefano Maderno, représente la sainte, tête couverte et mains jointes, juste avant sa décapitation. Admirez les mosaïques de l'abside, du IXe s., puis descendez dans la crypte où sont

Santa Cecilia in Trastevere

Santa Maria in Cappella

présentés des vestiges antiques. La petite chapelle sous l'autel est une reconstitution du XIXe s., mais elle n'en impressionne pas moins par la richesse de sa décoration.
Piazza di Santa Cecilia in Trastevere, 22 • ☎ 06 589 9289 • www.benedettinesantacecilia.it • T.l.j. 10h-13h et 16h-19h • Basilique : accès libre ; crypte : 2,50 €.

❽ PIAZZA DEI MERCANTI*

Pour se faire une idée du visage médiéval du Trastevere, il faut se rendre sur cette petite place peu fréquentée au sud du quartier. Ceintes de vigne vierge et éclairées à la torche, les façades surplombaient hier le marché fréquenté qui se tenait sur la place, quand le port de Ripa Grande permettait de débarquer marchandises et pélerins venus d'Ostia. Le soir, des restaurants (touristiques) envahissent les terrasses.

❾ SANTA MARIA IN CAPPELLA*

Cette petite église médiévale du XIe s. est liée à l'histoire du Tibre, d'où arrivaient pélerins et marchands. Située à deux pas du port de Ripa Grande, zone stratégique jusqu'au Moyen Âge, elle devient rapidement un hôpital, accueillant les malades directement dans la nef. La structure est ensuite connectée par les Doria Pamphilj à un complexe plus vaste et dotée d'un jardin des Délices, que Donna Olimpia, électron libre de la famille, utilisait pour venir se baigner dans le Tibre. La visite permet d'apprécier la douceur du jardin et de sa fontaine, de parcourir le musée de l'hôpital et d'entrer dans l'église où admirer les fresques médiévales de la voûte ainsi que la première œuvre de Borromini.
Vicolo di Santa Maria in Cappella, 6 • ☎ 06 580 3737 • T.l.j. 9h-18h • Entrée église, musée et jardins : 6 €.

14 L'Aventin
DOUCE COLLINE

● Restos & bistrots p. 151

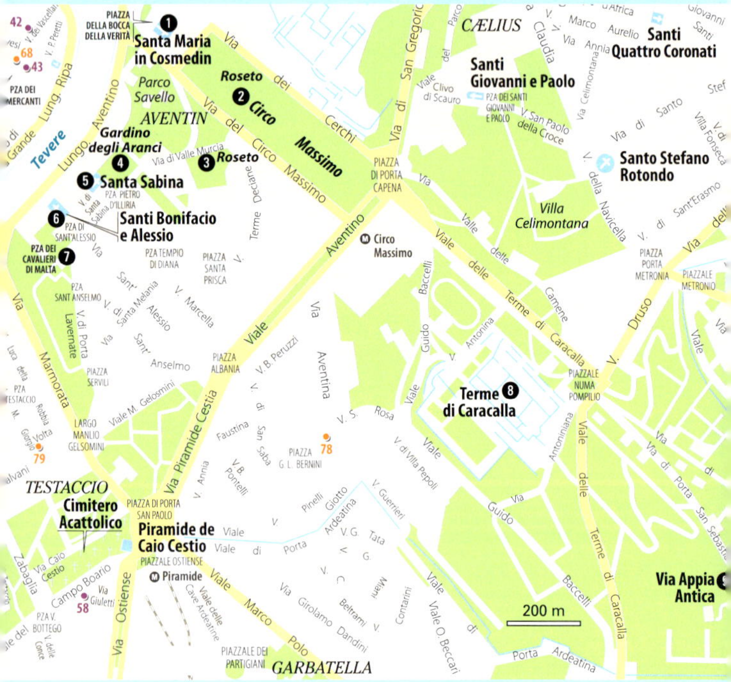

La plus méridionale des collines de Rome fut le théâtre de la révolte de la plèbe contre les riches patriciens du Palatin. D'où l'expression « se retirer sur l'Aventin ». Sous l'Empire, le mont attire l'aristocratie et se couvre de villas et de thermes luxueux. Entièrement saccagé par les Goths d'Alaric en 410, l'Aventin fut alors déserté, offrant un environnement serein aux églises paléochrétiennes qui s'y dressent toujours.

❶ PIAZZA DELLA BOCCA DELLA VERITÀ***

Avant de gravir l'Aventin, faites une halte sur cette place située à l'emplacement de l'ancien forum Boarium (marché aux Bœufs). Elle tient son nom de la Bocca della Verità (« bouche de la Vérité »), une plaque d'égout antique scellée sous le portique de **l'église Santa Maria in Cosmedin** (été : 9h30-17h50, hiver : 9h30-16h50). Nombre d'amoureux viennent se soumettre à son jugement car, selon la légende, la bouche est censée se refermer sur la main des menteurs ! Cernés par les pins et une fontaine baroque, **deux petits temples - dont celui d'Hercule -** très bien conservés de la Rome républicaine s'y dressent toujours.

Temple d'Hercule, forum Boarium

❷ CIRCO MASSIMO**

Du « plus grand cirque » de l'Antiquité, il ne reste qu'une vaste étendue herbeuse. Depuis sa fondation supposée par Tarquin l'Ancien au VIe s. av. J.-C., il n'a cessé d'être agrandi et remanié. À l'époque impériale, il pouvait accueillir jusqu'à 300 000 spectateurs venus assister aux courses de chars. Les quadriges devaient effectuer sept tours autour de la *spina*, un terre-plein central long de 340 m. Le site fut abandonné en 549.

Via del Circo Massimo.

❸ ROSETO**

C'est au printemps que vous pourrez parcourir les allées de ce petit jardin municipal. En cette saison, les 5 000 rosiers sont en pleine floraison et mêlent leurs couleurs et leurs délicats parfums. La vue splendide sur les ruines du Palatin ajoute au romantisme du lieu.

Via di Valle Murcia, 6/7 • ☎ 06 574 6810 (infos et résa visites guidées) • T.l.j. 8h30-19h30 (fin avr./mai à mi-juin) • Accès libre et visite guidée 10 €.

❹ GIARDINO DEGLI ARANCI (PARCO SAVELLO)**

Du nom de la forteresse voisine érigée par les Savelli au XIIIe s., ce petit jardin planté de pins et d'orangers, dont les allées sont bordées de lauriers-roses en pots, accueille un festival de théâtre les soirs d'été. De sa terrasse suspendue au-dessus du Tibre, vous aurez une vue superbe sur le Trastevere et le Ghetto.

Via di Santa Sabina, 1 • De l'aube au crépuscule.

❺ SANTA SABINA★★

C'est ici qu'en 1222 saint Dominique présenta la règle de son ordre au pape Honorius III. Depuis lors, Sainte-Sabine, basilique édifiée au Ve s. et restaurée au XIIIe s., appartient aux dominicains. N'entrez pas dans la nef sans avoir admiré la porte centrale sculptée, dont un panneau d'origine

Basilica Santa Sabina

(en haut à gauche) est l'une des plus anciennes représentations de la Crucifixion.

Piazza Pietro d'Illiria, 1 • ☎ 06 57 9401 • T.l.j. 7h15-20h (pas de visite lors des offices) • Accès libre.

❻ SANTI BONIFACIO E ALESSIO★

À gauche de la nef de la basilique, une étrange relique en trois dimensions : un escalier inclus dans une « gloire » baroque. Ce tableau illustre l'histoire du martyr chrétien Alessio qui, après avoir quitté sa riche famille patricienne, y revint en si mauvais état que personne ne le reconnut. Il restera dix-sept ans comme serviteur dans sa propre maison où il finit par mourir... sous l'escalier.

Piazza di Sant'Alessio, 23 • ☎ 06 574 3446 • Accès seulement pendant les mariages, concerts de musique sacrée, à Noël et à Pâques.

❼ PIAZZA DEI CAVALIERI DI MALTA★★★

Dessinée par Piranèse vers 1765, cette place a une allure un peu militaire avec les hauts murs qui l'entourent. Au n° 3, une surprise attend celui qui a la curiosité de coller son œil à la serrure : la coupole de Saint-Pierre se détache, isolée et diaphane, au bout d'une allée du prieuré de Malte. Le dimanche matin, vous pourrez écouter des chants grégoriens à l'église du séminaire bénédictin de San Anselmo.

Vue sur Saint-Pierre par la serrure du n° 3, piazza dei Cavalieri di Malta

❽ TERME DI CARACALLA★★★

Mieux conservés que les thermes de Dioclétien (p. 88), les thermes de Caracalla saisissent par leurs dimensions spectaculaires. Sur une superficie de 11 ha, les ruines atteignent 30 m de hauteur par endroits. Des mosaïques (certaines se trouvent dans les musées du Vatican) témoignent du luxe de l'établissement qui comprenait des salles d'eau, des gymnases, des bibliothèques, un stade et des jardins. Des centaines d'esclaves veillaient dans les 10 km de galeries souterraines au fonctionnement de ces bains qui pouvaient accueillir près de 1 600 personnes.

Viale delle Terme di Caracalla, 52 • ☎ 06 3996 7702 • www.soprintendenzaspecialeroma.it • www.coopculture.it • Jeu.-dim. 9h-19h15, dernière entrée 18h30 • Juin-août : opéras et ballets dans les thermes • Entrée : 8 €, gratuit 1er dim. du mois.

❾ VIA APPIA ANTICA★★★

Construite entre 312 et 190 av. J.-C., la voie Appienne avait pour mission de relier Rome depuis les thermes de Caracalla à Brindisi, sur la côte adriatique sud, qui était alors le port de commerce le plus important reliant la Grèce et l'Orient. Aujourd'hui, certains vestiges remarquables et fort bien conservés permettent d'étudier son histoire.

La voie des catacombes

À l'extérieur des murs de la Cité, les abords de la via Appia Antica servirent d'abord de sépulcre aux habitants de l'Urbs. On y trouve d'**imposants mausolées, comme celui de Cecilia Metella**, intégré par la suite à la structure défensive d'un château médiéval. Sous terre, les chrétiens ou les juifs enterrent leurs morts dans de **labyrinthiques catacombes. Celles de San Calisto** étirent leurs galeries sur 20 km. Une petite partie se visite et révèle les chapelles où était célébré le culte aux premières heures du christianisme.

Via Appia Antica

La campagne aux portes de Rome

La voie Appienne est également une magnifique route pavée bordée d'arbres et de vastes pelouse. Avec les troupeaux de chèvres et de brebis qui y paissent, elle offre une balade champêtre et inattendue à l'orée du centre historique de Rome. Sur les à-côtés, ne manquez pas d'entrer dans la **basilique de San Sebastiano** ou dans les ruines de la **résidence impériale de Massenzio** et son cirque où poussent les herbes sauvages. Les plus sportifs loueront un vélo pour pousser jusqu'à l'**acqueduc de la Villa dei Quintili**, à

Pause campagnarde au Giardino di Giulia e fratelli

Un vaste jardin ombragé, de petites tables couvertes de nappes à carreaux et l'accueil chaleureux de Giulia et de ses frères. Le sourire et la bonne humeur sont de mise quand on s'attable autour d'une délicieuse *cacio e pepe* (pâtes au fromage de brebis et au poivre) ou d'un assortiment de légumes et de viandes au barbecue. En hiver, on mange à l'intérieur d'une maisonnette de bois où sont installées les cuisines et la salle, avec vue sur le jardin.

● 80 • Via Appia Antica, 176 • ☎ 347 509 2772 • Mar.-dim. 10h-23h • Grillade de viandes : 16 € ; légumes grillés : 4 € ; pâtes : 9 €.

6 km de l'**église Quo Vadis** marquant le début de la voie.

Parco regionale dell'Appia Antica : • Accès par le bus 118 depuis les thermes de Caracalla, le bus 218 depuis le M° Circo Massimo, jusqu'à Appia Antica/Domine Quo Vadis • ☎ 06 513 53 16 • www.parcoappiaantica.it • Centre d'information situé à l'entrée : lun.-ven. 9h30-13h et 14h-18h30 (17h30 en hiver), sam.-dim. et j. f. 9h30-18h30 (17h30 en hiver) ; f. 25 déc. et 1er janv.

Museo delle Mura : mar.-dim. 9h-14h (9h-16h en été) ; accès libre.

Chiesa del Domine Quo Vadis : t.l.j. 8h-19h30 sauf pendant les offices.

Catacombe di Santa Domitilla : mer.-lun. 9h-12h et 14h-17h.

Catacombe di San Callisto : jeu.-mar. 9h-12h et 14h-17h. (f. en fév.).

Basilica e Catacombe di San Sebastiano : mer., ven.-dim. 10h-17h (f. nov.-janv.), lun.-mar. et jeu. sur résa seulement : ☎ 06 78 50350 et info@catacombe.org.

Villa di Massenzio : mar.-dim. 10h-16h, www.villadimassenzio.it • F. actuellement.

Mausoleo di Cecilia Metella : mar.-dim. de 9h jusqu'au coucher du soleil.

Villa dei Quintili : jeu.-dim. de 9h jusqu'au coucher du soleil ; accès libre.

Mausoleo di Cecilia Metella + Villa dei Quintili : accès libre.

3 visites guidées possibles : 15-50 € selon le nombre de participants ; infos sur ecobikeroma.it ; résa par e-mail : infopointappia@gmail.com

Location de vélos sur place : 4 €/h ou 16 €/j. ; vélos électriques : 6 €/h ou 30 €/j.

Balade accompagnée à vélo « Ancient roman road and aqueducts by bike » : 20 €, 15 km, 3 h, boissons, vélo et casque compris ; résa sur Airbnb Experiences : https://abnb.me/3NmRL5wyYP?user_id=24998826&s=50 • Attention, le 1er km de la via Appia est ouvert aux voitures et pas toujours agréable avec des enfants.

15 Testaccio, Ostiense et Garbatella

QUARTIERS ALTERNATIFS

● Restos & bistrots p. 152 ● Bars, clubs & sorties p. 178

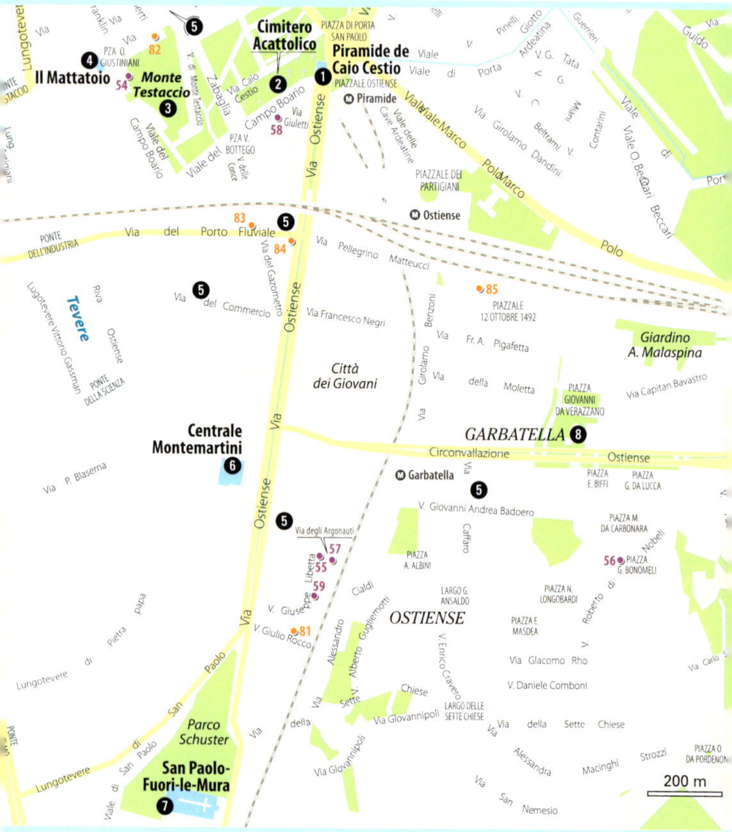

Lové dans une courbe du Tibre, le Testaccio est un ancien quartier industriel dont les friches se sont métamorphosées en lieux culturels et branchés. On y mange les meilleures tripes à la romaine, tradition culinaire héritée des anciens abattoirs (testez celles du marché Testaccio, via Galvani). Au sud, Ostiense et Garbatella complètent ce patchwork de friches, de patrimoine historique, d'œuvres de street art et de clubs alternatifs, comme en témoignent le musée de la Centrale Montemartini ou la via Libetta, cœur de la vie nocturne.

❶ PIRAMIDE DE CAIO CESTIO**

Les Romains de l'Antiquité étaient friands d'architecture égyptienne. En témoigne cet imposant tombeau de marbre en forme de pyramide datant du Ier s. av. J.-C. L'inscription indique qu'il s'agit de la dernière demeure de Caïus Cestius, prêteur et tribun de la plèbe. Haut de 36 m, le mausolée, dont la construction nécessita plus de 300 jours, a été intégré dans le mur d'Aurélien au IIIe s.
Piazzale Ostiense.

Piramide de Caio Cestio

❷ CIMITERO ACATTOLICO***

C'est ici que sont inhumés depuis 1738 les étrangers non catholiques morts à Rome. Romantique à souhait avec ses monuments pittoresques et ses stèles blanches noyées dans la verdure, on y découvre, ému, les tombes illustres des poètes anglais John Keats et Shelley mais aussi celles du fils de Goethe, Julius, et du fondateur du Parti communiste italien, Antonio Gramsci.
Via Caio Cestio, 6 • ☎ 06 574 1900 • www.cemeteryrome.it • Lun.-sam. 9h-17h, dim. et fêtes 9h-13h (dernière entrée 30 min av. la fermeture) • Entrée 3 € ; visite guidée : 6 €.

❸ MONTE TESTACCIO**

Recouverte d'herbes folles, cette butte artificielle d'une quarantaine de mètres de haut, également appelée « Monte dei Cocci », s'est formée à partir de millions de tessons d'amphores et de poteries brisées provenant d'un port de la Rome antique. Au Moyen Âge, des cochons étaient précipités de ses hauteurs lors de fêtes populaires particulièrement cruelles. Dans la base de la colline ont été creusées des grottes, autrefois utilisées comme caves à vin. Aujourd'hui, bastion de la vie nocturne, elles accueillent des dizaines de restaurants, bars et boîtes de nuit. En journée, c'est le chant du coq qui accompagnera votre balade. Un contraste improbable...

❹ IL MATTATOIO**

Les superbes friches industrielles des anciens abattoirs de Rome (XIXe s.) abritent aujourd'hui plusieurs galeries où se tiennent des expositions d'art contemporain. Outre les expositions temporaires, l'architecture du site avec ses box, ses rails et ses crochets mérite vraiment le coup d'œil. Plus récente, La Pelanda est la seconde galerie d'art contemporain à avoir investi les lieux.

Piazza Orazio Giustiniani, 4 • ☎ 06 3996 7500 • www.mattatoioroma.it • Ouvert seulement pendant les expos (prix variables selon expos).

❺ STREET ART**

Pour se démarquer, les quartiers du sud de Rome misent sur

Cimetero Acattolico (p. 115)

le street art et sur une culture urbaine alternative. D'immenses fresques et des compositions colorées recouvrent les immeubles. En vélo ou à pied, la promenade commence à deux pas du marché Testaccio avec la *Louve* de **Roa (via Galvani, 47)**, puis continue vers la via del Porto Fluviale où l'artiste **BLU** a recouvert l'intégralité d'un ancien entrepôt de visages colorés **(via del Porto Fluviale, 10)**. Citons aussi à proximité les œuvres d'**Agostino Iarcurci (via del Porto Fluviale, 67)** et de **Momo (via del Commercio, 27)**. Le long de la via Ostiense, les façades s'animent d'anamorphoses ou d'un enchevêtrement de personnages **(Rero, via Ostiense, 139 ; BLU, via Ostiense, 126)**. Pour finir, passez par la **via Libetta,** règne nocturne des clubs et galerie à ciel ouvert, pour entrer dans Garbatella à la recherche des fresques de **Sten & Lex (via Caffaro, 9)**.

❻ CENTRALE MONTEMARTINI★★★

Le contraste est surprenant, captivant et féerique ! Une partie des chefs-d'œuvre de la collection de sculptures des musées du Capitole (datant du Ve s. av. J.-C. au IVe s. apr. J.-C.) a été installée dans une ancienne centrale électrique. La blancheur et la beauté des marbres romains placés au milieu des machineries sombres et imposantes de l'ancienne usine procurent au visiteur un émerveillement absolu.

Centrale Montemartini

Via Ostiense, 106 • Bus 23 ou M° Garbatella • ☎ 06 06 08 • www.centralemontemartini.org • Mar.-dim. 9h-19h (24 et 31 déc. 9h-14h) ; f. 1er janv., 1er mai et 25 déc. • Entrée musée + expo : 11 € ; gratuit pour les Parisiens (voir sur le site Internet et p. 219) • Capitolini Card (valide 7 j., avec les Musei Capitolini, voir p. 217) : 17 €.

❼ SAN PAOLO FUORI-LE-MURA★★★

La deuxième plus grande église de Rome après Saint-Pierre s'élève depuis 324 sur le tombeau de saint Paul, alors situé hors les murs. Basilique majeure, elle appartient au pélerinage de Rome. En grande

partie détruite lors d'un incendie en 1823, l'église est rebâtie avec plus de faste encore. Avant d'entrer dans la nef, arrêtez-vous entre les palmiers de l'atrium sous le regard d'une statue du saint portant l'épée. Dans l'église, l'immense espace en croix converge vers le tombeau de saint Paul, en contrebas de l'autel et du Christ en gloire qui orne la voûte. Veillent sur lui les portraits des 266 papes représentés dans les médaillons de la corniche, parmi lesquels on repère le pape régnant éclairé d'un rai de lumière. Ne manquez pas l'oasis du cloître et de sa fontaine, souligné par la beauté de ses doubles colonnes aux mosaïques mêlant corail et lapis-lazuli. Enfin, une petite pinacothèque renferme quelques reliques.
Piazzale San Paolo, 1 • ☎ 06 698 80 800 • www.basilicasanpaolo.org • Accès libre ; cloître : t.l.j. 8h30-18h, 4 €.

San Paolo Fuori-le-Mura

8 GARBATELLA★★

Cachée entre les artères de la via Ostiense et de la via Cristoforo Colombo, Garbatella correspond à l'idéal de la cité-jardin inspiré du mouvement anglais des *city garden*. Des années 1920 à 1960, on construit lotissements

Garbatella

Pause gastronomique chez Eataly

Eataly est un véritable temple de la gastronomie italienne situé juste à la sortie de la station Roma-Ostiense. Cet ancien terminal de 17 000 m² réparti sur quatre étages propose des dizaines de rayons spécialisés (huile d'olive, pâtes, vins, etc.), mais aussi des produits frais autour desquels se sont implantés des restaurants, bars à *aperitivo*, glaciers, pâtissiers ou stands de sandwichs. Au total, une vingtaine de points de restauration où vous aurez la garantie de déguster des produits frais, parfois cuisinés devant vous. Prévoyez un cabas, vous ne repartirez sûrement pas les mains vides !

● 85 • Piazzale 12 Ottobre 1492 • ☎ 06 9027 9201 • www.eataly.net • T.l.j. 9h-minuit.

populaires ou maisons individuelles en mettant l'accent sur l'espace commun, qui servira de potager ou de lieu de rencontre entre habitants. Le lacis des ruelles offre une promenade réjouissante et inattendue dans ce quartier sillonné longuement en Vespa par le cinéaste Nanni Moretti dans son film *Journal intime*. Entrez dans le quartier par la place Benedetto Brin, au calme souverain, passez sous l'arche et laissez-vous séduire. **Accès M° Garbatella.**

16 Le Cælius ET LE LATRAN

● Restos & bistrots p. 154

C'est sur la verdoyante colline du Cælius (Celio), qui domine le Colisée au sud, que s'entraînaient les gladiateurs et que campait le zoo des fauves destinés aux jeux du cirque. Parsemé de casernes, de jardins et de vestiges antiques, ce quartier à l'air provincial raconte, dans le secret de ses églises, la lutte des premiers chrétiens. Symbole du christianisme triomphant, le Latran tout proche, où les papes résidèrent pendant près d'un siècle et où fut érigée la première cathédrale de Rome, attire une foule abondante de pèlerins.

❶ SAN CLEMENTE★★★

Construite au XIIe s., la basilique San Clemente se dresse sur les ruines d'une église antérieure, elle-même bâtie sur des édifices antiques. L'ensemble occupe ainsi trois niveaux de construction, dont deux souterrains qui correspondent à des vestiges plus anciens. À cheval sur trois époques, l'église illustre la continuité urbaine qui fait toute la richesse de Rome et offre en un seul lieu une grande leçon d'histoire.

L'église supérieure

Après le pillage de Rome en 1084, le pape Pascal II fait construire une nouvelle église. Située au niveau supérieur, elle reproduit en plus petit la structure de l'ancienne dont elle intègre quelques éléments architecturaux. Dans l'abside, la décoration intérieure est remarquable, notamment avec *Le Triomphe de la Croix* du XIIᵉ s. À voir également, une mosaïque d'une grande finesse mettant en scène la Crucifixion avec douze colombes qui symbolisent les apôtres.

L'église inférieure

Cette église du IVᵉ s., dédiée à Clément Iᵉʳ, est ornée de fresques carolingiennes et romanes retraçant la vie du saint. Parmi elles, le *Miracle de saint Clément* rend hommage au pape jeté dans la mer Noire. Selon la légende, une femme, dont l'enfant s'était perdu, le retrouva vivant un an plus tard dans la chapelle qui abritait la dépouille du martyr.

Les vestiges romains

Ils se composent de deux édifices (vraisemblablement d'anciens bâtiments publics) datant du Iᵉʳ s. apr. J.-C. Dans l'une des salles se trouve le sanctuaire de Mithra bâti à la fin du IIᵉ s. Ce dieu iranien, dont le culte a rivalisé un temps avec le christianisme, est représenté sur l'autel en train de sacrifier un taureau.

Via Labicana, 95 • ☎ 06 774 0021 • www.basilicasanclemente.com • Lun.-sam. 9h-12h30 et 15h-18h, dim. et j.f. 12h-18h • Entrée des sous-sols : 10 €.

Basilica San Clemente

❷ SANTI QUATTRO CORONATI★★

Les quatre martyrs chrétiens qui avaient refusé d'adorer le dieu Esculape endurèrent un supplice effroyable : celui de porter des couronnes à dents de fer enfoncées dans le crâne. Faites une petite pause de méditation dans le joli cloître du XIIIe s. (dans la nef, sonnez à la porte à gauche) après avoir jeté un œil aux fresques de la chapelle San Silvestro, relatant la conversion de Constantin.

Via dei Santi Quattro, 20 • ☎ 335 495 248 • www.monacheagostiniane santiquattrocoronati.it • Lun.-sam. 10h-11h45 et 16h-17h45 (dim. : ouv. uniquement pour la prière, cloître f.) • Basilique : accès libre ; cloître : 2 € ; chapelle San Silvestro : 1 €.

❸ SANTI GIOVANNI E PAOLO★★

Vous découvrirez ici une intéressante superposition d'époques, car la basilique a été construite sur un ancien îlot d'habitations romaines antiques, dont on peut voir les vestiges. Au sous-sol, le nymphée d'une de ces maisons est décoré d'une très belle fresque (IIIe s. apr. J.-C.) qui représente un thème rare de la mythologie grecque : Perséphone revenant des Enfers. Le campanile, la façade et l'abside de la basilique datent du XIIe s. ; et l'intérieur, des XVIIe et XVIIIe s.

Piazza dei Santi Giovanni e Paolo • ☎ 06 70057 45
Basilique : t.l.j. 8h30-12h et 15h30-18h. Case romane (Maisons romaines) : accès par Clivo di Scauro ; www. coopculture.it ; lun., mer. ven.-dim. 10h-16h • Entrée : 8 €.

❹ SANTO STEFANO ROTONDO★

Cette église du Ve s. à plan circulaire a peut-être été un abattoir romain. C'est en tout cas un exemple intéressant de réemploi de matériaux antiques. Les fresques du XVIe s. forment une sorte de diorama de scènes de martyre complaisamment détaillées, qui auraient enchanté le marquis de Sade.

Pause panoramique au Cafè Cafè

La minuscule terrasse ombragée de ce charmant café offre une vue directe sur le Colisée. Au menu : pizzas, lasagnes, boulettes de viande, salades, paninis, etc. Également des petits déjeuners servis jusqu'à 11h30 et de délicieux gâteaux toute la journée. Ajoutez à cela une belle variété de thés et de smoothies, le Wifi et le sourire du personnel.

● 88 • Via dei Santi Quattro, 44 • ☎ 06 7045 1303 • www.cafecafebistrot.it • T.l.j. 9h30-19h30 (mar. 9h30-16h30) • Thé : 3,90 € ; smoothie : 5 € ; pizza : 6-8 € ; salade : 7,50 €.

Via di Santo Stefano Rotondo, 7 • ☎ 06 4211 9130 • www.cgu.it/it/santo-stefano-rotondo • Mar.-dim. 10h-13h et 14h-17h (hiver), mar.-dim. 10h-13h et 15h30-18h30 (été).

❺ VILLA CELIMONTANA**

Ignoré des touristes, ce charmant parc avec ses buis, ses arbres exotiques, ses lauriers, ses pins et ses chênes verts est un lieu idéal pour pique-niquer. Ne manquez pas l'obélisque rapporté d'Égypte à l'époque antique et dédié à Ramsès II. Au milieu du parc se trouve une ravissante villa construite au XVIe s. pour les ducs de Mattei. Elle est occupée aujourd'hui par la Société de géographie italienne.

Entrée via della Navicella • T.l.j. 7h-crépuscule.

❻ SAN GIOVANNI IN LATERANO***

Saint-Jean-de-Latran

Érigée en 313 sous Constantin, la cathédrale de Rome est la première basilique chrétienne à avoir été fondée dans la ville. La « mère de toutes les églises » connut deux incendies, mais son cloître (qui mérite une visite, tout comme le baptistère) fut miraculeusement épargné. La monumentale façade que l'on voit aujourd'hui a été achevée vers 1735 par Alessandro Galilei.

Piazza di San Giovanni in Laterano, 4 • ☎ 06 6988 6433 • Église : t.l.j. 7h-18h30 ; baptistère : t.l.j. 7h-12h30 et 16h-19h ; cloître : t.l.j. 9h-18h • Accès libre ; cloître : 2 €. • Museo della Basilica : 10h-17h • ☎ 06 6988 6409.

❼ SCALA SANTA ET SANCTA SANCTORUM*

Aucun pied ne doit fouler le Saint-Escalier gravi par Jésus le jour de son procès dans le palais de Ponce Pilate. C'est sainte Hélène, mère de Constantin, qui l'aurait rapporté à Rome. Les pélerins le gravissent à genoux pour arriver au Sancta Sanctorum, le saint des saints. Ancienne chapelle privée des papes construite en 1278, elle renferme une icône acheiropoïète, c'est-à-dire peinte par une main non humaine : selon la tradition, par les anges.

Piazza di San Giovanni in Laterano, 14 • ☎ 06 772 6641 (résa souhaitée).

Scala Santa : lun.-sam. 6h-13h30 et 15h-18h30, dim. 7h-13h30 et 15-18h30 ; accès libre.

Sancta Sanctorum : lun.-sam. 9h30-13h30 et 15h-17h10 ; entrée : 3,50 €.

San Giovanni in Laterano

Rome
FAIT SON CINÉMA

Rome et le cinéma ont toujours été intimement liés. La construction en 1937 de Cinecittà y est certes pour beaucoup, mais sa cinégénie est telle qu'elle compte parmi les villes les plus aimées des réalisateurs du monde entier. Ses vestiges antiques, ses monuments historiques, ses façades baroques, ses places animées ou ses ruelles sinueuses offrent depuis des décennies des décors naturels qui ont sublimé de nombreux scénarios. Ainsi ces films, tournés dans les rues de la capitale italienne, ont largement contribué à promouvoir la beauté de Rome et son art de vivre par-delà les frontières.

DÉCORS DE FILMS CULTES

Au cours de vos visites, vous reconnaîtrez forcément les **décors familiers de films** qui vous ont marqué. Parmi les plus emblématiques tournés à Rome : *Le Voleur de bicyclette* (1948) de Vittorio De Sica pour son regard sur le Trastevere (p. 102) ; *La Dolce Vita* (1960) de Federico Fellini et la scène mythique d'Anita Ekberg dans la fontaine de Trevi (p. 79) ; *Vacances romaines* (1953) de William Wyler, pour les déambulations à Vespa d'Audrey Hepburn et de Gregory Peck à travers la via del Corso (p. 41) ou la scène de la *Bocca della Verità* (p. 109) ; *Nous nous sommes tant aimés* (1974) d'Ettore Scola pour ses séquences sur la piazza del Popolo (p. 65) ; *La Grande Bellezza* (2013) de Paolo Sorrentino et ses plans sur le Colisée (p. 33) ; Le *Talentueux Mr. Ripley* (1999) d'Anthony Minghella pour ses irrésistibles images de la piazza Navona (p. 45), de Trinità dei Monti ou de la piazza di Spagna (p. 69) ; et enfin *Journal intime* (1994) de Nanni Moretti pour ses interminables balades à scooter dans les rues de Garbatella (p. 118). Woody Allen, en 2012, n'a-t-il pas rendu un magnifique hommage à la Ville Éternelle en réalisant

Cinecittà Studios

Via Tuscolana, 1055 (hors plan par F5) • ☎ 06 722 93 269 • www.cinecittasimostra.it • M° face à l'entrée du complexe (20 min de trajet depuis la station Spagna) • Entrée avec visite guidée obligatoire : 15 € ; enfants 6-12 ans : 7 € • Visites guidées en français (sans résa) août-sept. : ven. à 11h • F. mar., 24-25 déc. • Restauration sur place.

To Rome with Love, un film au titre très évocateur ?

Studios de Cinecittà

LES STUDIOS DE CINECITTÀ

Outre sa photogénie et la pluralité de ses décors naturels, Rome est également devenue célèbre grâce à Cinecittà, un **immense complexe** de plus de 60 ha entièrement **dédié au cinéma** qui renferme 22 studios (en réalité, il n'y en a que 21 car le n° 17 n'existe pas, ce nombre portant malchance en Italie depuis l'Antiquité !), ainsi que d'immenses terrains sur plusieurs hectares utilisés pour les scènes en extérieur. On y tourne principalement des séries télévisées et des publicités.

PÉPLUMS, L'ANTIQUITÉ EN TOC

Une visite guidée permet de découvrir la **reconstitution de la Rome antique** à l'époque de Jules César, décors qui ont été utilisés notamment pour la série anglo-américaine intitulée *Rome*. Il est amusant de s'en approcher pour se rendre compte que toutes ces belles pierres sonnent en réalité creux ! Les temples et les ruelles vous transportent aussi dans les nombreux péplums (près de 150) qui ont été tournés ici comme *Quo Vadis* (1951) de Mervyn LeRoy, *Ben-Hur* (1959) de William Wyler ou *Cléopâtre* (1962) de Joseph L. Mankiewicz.

LE TEMPLE DU 7e ART

En dehors de la **visite guidée** qui est obligatoire pour accéder à l'ensemble des lieux de tournages (dont le Studio 5, le plus grand du complexe), Cinecittà présente **deux expositions permanentes**. La première, dans le bâtiment Fellini, explore les raisons historiques, politiques et culturelles qui ont conduit à la création de Cinecittà. Elle rend également hommage au réalisateur de la *Dolce Vita*, qui fut le plus fidèle et le plus attaché au complexe cinématographique. La seconde, au sein du bâtiment Présidentiel, raconte de 1937 à 1989 l'histoire de Cinecittà et des productions les plus importantes qui ont fait l'histoire du cinéma. On y découvre des séquences de films, des costumes, des artifices et des extraits de scénario. Une salle dédiée aux grands réalisateurs italiens expose leurs objets fétiches et partage leurs souvenirs personnels.

Restos & bistrots

PAR QUARTIER

Les coups de cœur DE NOTRE AUTEUR

Difficile de faire son choix tant il y a de restaurants, de *trattorie* ou de pizzerias à Rome. Valeurs sûres ou nouvelles adresses, voici les coups de cœur de Lucie.

ROMA SPARITA

Une cuisine généreuse, une ambiance authentique et la vue sur la basilique Santa Cecilia : une plongée gustative dans la Rome d'antan ! Voir p. 148.

IL SORPASSO

Mon restaurant favori à deux pas du Vatican, avec ses portions à partager façon tapas et ses jambons à tomber par terre. Voir p. 147.

Urbana 47

IL FORNO

J'aime déambuler entre le marché de Campo de' Fiori et la place Farnese une pizza *al taglio* croquante et encore chaude à la main. Voir p. 137.

LA DELIZIOSA

Les *maritozzi* de cette délicieuse pâtisserie sont une étape obligatoire chaque fois que je visite Rome. Voir p. 134.

URBANA 47

Des plats bio et créatifs, une ambiance moderne que j'affectionne particulièrement dans le quartier branché de Monti. Voir p. 144.

IL MERCATO CENTRALE

J'aime son ambiance, avec ses grandes tables centrales où dévorer les spécialités romaines en version street food ! Mon conseil : testez le *trapizzino*, une spécialité de pizza en forme de triangle. Voir p. 145

À SAVOIR

L'EMBARRAS DU CHOIX

De la ***pizza bianca*** aux artichauts à la juive des ***trattorie*** familiales du Ghetto, en passant par la *pasta* des ***osterie***, sans oublier les **glaces,** nos adresses sont un condensé gourmand de Rome ! **En général, les restaurants sont fermés le dimanche soir et le lundi, et en août. Réservez, surtout si vous désirez une table en terrasse !**

INFOS COVID-19

Les horaires et conditions d'ouverture des restaurants évoluen régulièrement. Pensez à téléphoner pour réserver ou vous assurer des consignes d'accueil !

OÙ MANGER ?

Chaque quartier a son histoire qui influence le contenu de l'assiette. Le **centre historique** et ses petites places secrètes sont le cadre idéal pour les ***trattorie* traditionnelles.** À **Monti,** quartier branché, les **tables bio ou créatives** réinventent les classiques, tandis que dans le **Ghetto,** les **influences culinaires juives** rencontrent les **produits romains.** Dans le **Trastevere,** fuyez les attrape-touristes et leur « Menu turistico » pour dénicher les meilleures ***osterie*** dans les ruelles plus confidentielles.

PRIX ET *SCONTRINO*

De nombreux établissements facturent encore **le pain et le couvert** (de 1 à 3 €). Le service (10 à 15 %) est quasiment toujours inclus dans l'addition et les locaux ne donnent un **pourboire** que s'il est exceptionnel. Comptez de 1 à 3 € pour la bouteille d'eau minérale. Dans les cafés, boulangeries ou glaciers, payez d'abord puis réclamez vos achats avec votre **ticket de caisse.** Le tarif est souvent majoré à la table dans les cafés où les Italiens consomment debout, au bar.

SE REPÉRER

Chaque adresse de restaurant est associée à une pastille orange numérotée. Vous retrouverez toutes les adresses positionnées sur le plan détachable.

Restos & bistrots
PAR QUARTIER

Le Capitole (Quartier 1 - p. 24)

VOIR LA PAUSE : **Terrazza Caffarelli I p. 27 I ① Plan I10**

Les forums (Quartier 2 - p. 28)

VOIR LA PAUSE : **Iari The Vino I p. 35 I ② Plan D3**

Le Panthéon (Quartier 3 - p. 38)

CIAO CHECCA
Street food ③ Plan H8

La cuisine ouverte où tout se prépare sur place et sous vos yeux est gage de fraîcheur. Ciao Checca est un comptoir de street food qui permet d'acheter de délicieux plats cuisinés à déguster sur place ou dans la rue : pâtes, salades, boulettes de viande, smoothies, etc.
Piazza di Firenze, 25 • ☎ 06 6830 0368 • www.ciaochecca.com • Lun.-ven. 7h30-22h30, sam. 9h30-22h30, dim. 10h30-22h30 • Plats : 6,50-9,50 €.

Ciao Checca

MACCHERONI
Traditionnel ④ Plan H8

À deux pas du Panthéon, cette *trattoria* est largement fréquentée par les Romains du quartier. Vous pourrez y déguster des plats traditionnels préparés avec soin dans la cuisine ouverte. Les pâtes sont délicieuses, notamment les *maccheroni all'amatriciana* (12€) ! Le service reste attentionné malgré la cohue des clients...

Piazza delle Coppelle, 44 • ☎ 06 6830 7895 • www.ristorantemaccheroni.com • T.l.j. 12h30-15h et 19h-23h30 • Plats : 10-27 €.

LA ROSETTA
Cuisine de poissons ⑤ Plan H8

Un des meilleurs restaurants de poissons et le lieu de rencontre des VIP et des gourmets (fortunés). Réservation fortement conseillée.

Via della Rosetta, 8/9 • ☎ 06 686 1002 • www.larosetta.com • T.l.j. 12h15-22h45 ; f. 1 sem. en août • Menu : 30-65 € à midi, à partir de 65 € le soir.

DA SABATINO
Traditionnel ⑥ Plan I8

Un restaurant où l'on s'attable aussi bien pour la nourriture que pour la spacieuse terrasse, qui permet de profiter du charme tranquille de la piazza Sant'Ignazio. Au menu, beaucoup de choix, mais nous vous recommandons particulièrement les spécialités comme les *saltimbocca alla romana* ou les pâtes à la carbonara.

Piazza Sant'Ignazio, 169 • ☎ 06 6797 821 • www.dasabatino.it • T.l.j. 12h-16h, 18h-23h • Plats : 10-15 €.

Da Sabatino

ENOTECA CORSI
Bar à vins ⑦ Plan I9/H9

Une bonne pioche dans ce quartier touristique. L'Enoteca Corsi est une adresse où les Romains aiment déjeuner. Le cadre est sans prétention et vous trouverez dans votre assiette le meilleur de la cuisine familiale romaine. Le plus ? Un très large choix de vins italiens, tous excellents.

Via del Gesù, 87/88 • ☎ 06 679 0821 • www.enotecacorsi.com • Lun.-ven. 12h-15h30 et 19h-22h30, sam. 12h-15h30 • Plats : 9-20 € ; menus : 25 € le midi, 30-35 € le soir.

GELATERIA DON NINO
Glaces/pâtisserie ⑧ Plan H8

Malgré ses tarifs élevés, Don Nino mérite incontestablement qu'on s'y arrête. Le choix ne sera pas aisé car les glaces sont aussi bonnes que les pâtisseries ! Côté glace, pour sortir des saveurs traditionnelles, essayez donc la pistache de Bronte ou l'amande et l'amaretto. Côté gâteaux, ruez-vous sur les *cannoli* siciliens.

Street food
ET PETITS PRIX

Voici nos meilleures adresses pour déjeuner ou dîner rapidement, et sans se ruiner, sur place ou à l'ombre d'un pin parasol.

Dispensa

DISPENSA

Servez-vous directement en salades ou tiramisù dans les frigos de cette épicerie où tout est à consommer sur place. Voir p. 138, **Ghetto.**

LA PROSCIUTTERIA

De copieux sandwichs réalisés à la demande avec des produits du terroir italien. Les jambons, tranchés devant vous, sont délicieux ! Voir p. 150, **Trastevere.**

CIAO CHECCA

Des plats bio préparés à l'instant. Pâtes, boulettes, salades... vous aurez l'embarras du choix. Voir p. 129, **Panthéon.**

SUPPLIZIO

Une belle adresse pour découvrir les *supplí*, de petites croquettes de risotto farcies de tomate et de mozzarella. Une spécialité romaine qui se dévore comme un bonbon ! Voir p. 56, **Campo de' Fiori.**

FILETTI DI BACCALÀ

Un incontournable du quartier ! Les Romains se ruent pour déguster sur place ou à emporter leurs délicieux filets de morue en beignets. Voir p. 137, **Campo de' Fiori.**

Ciao Checca

Au fond de la salle, quelques tables permettent une pause sur place.
Via dei Pastini, 134 • ☎ 06 678 1210 • www.don-nino.it • T.l.j. 8h-1h • Glace en pot (3 parfums) : 5 € ; cornet (2 parfums) : 3,50 €.

TAZZA D'ORO
Café ⑨ **Plan H8**

Il faut vous arrêter à la Tazza d'Oro (« tasse d'or ») pour goûter ses inimitables *granite di caffè* (3 €), composés de café glacé et de crème fouettée, et en profiter pour acheter son café maison présenté dans des sacs en toile de jute (7,80 € le sac de 250 g). Ensuite, allez savourer votre douceur au pied du Panthéon, situé juste à côté. Vous verrez, c'est magique.
Via degli Orfani, 84 • ☎ 06 678 9792 et 06 679 2768 • www.tazzadorocoffeeshop.com • Lun.-sam. 7h-20h, dim. 10h30-19h30.

RETROBOTTEGA
Cuisine créative ⑩ **Plan H8**

Ouvert par d'anciens chefs de restaurants étoilés, RetroBottega s'affiche comme un « laboratoire gastronomique » qui propose une cuisine moderne, créative et goûteuse à un prix raisonnable. La cuisine est ouverte sur la salle, il est d'ailleurs possible de manger

Ginger

Boire un café à l'italienne

Déconcertants, les cafés italiens ? Sachez qu'ici, on consomme plutôt debout au bar qu'assis à table. Dans la tasse, un jus plutôt serré, qu'on peut demander ***lungo*** pour l'allonger un peu. ***Macchiato***, il se teinte d'une goutte de lait. Le matin, le ***cappuccino*** est le roi du petit déj. Passé 11h, les seuls à le commander sont d'ailleurs les touristes ! En été, le café ***scecherato*** se boit glacé et sucré. Pour les goûters d'hiver, on se réchauffe avec un ***caffè latte***, servi dans un verre haut.

au comptoir afin de regarder les plats se préparer à la commande. Il faut mettre la table soi-même et les boissons, à l'exception du vin, sont à prendre dans le frigo.
Via della Stelletta, 4 • ☎ 06 6813 6310 • www.retro-bottega.com • Mar.-dim. 18h30-23h30 • Plats : 10-30 €.

GINGER
Cuisine traditionnelle ⑪ Plan I8

Cet immense restaurant moderne et immaculé est aussi agréable à regarder que les plats qui y sont proposés. Ici, la *fresh food* est à l'honneur, cuisinée avec des produits de qualité, locaux et/ou bio. Fruits, légumes, paniers vapeur (*steamed basket* : 13-14 €), salades ultra-fraîches et menus détox à toute heure. Grande variété de jus et smoothies. Bon plan : la possibilité de se faire préparer une lunch box pour emporter son pique-nique en balade dans la Villa Borghese, par exemple.
Via Borgognona, 43-46 • ☎ 06 6994 0836 • www.gingersaporiesalute.com • T.l.j. 10h-minuit • Salades : 9-14€.

VOIR AUSSI :

Caffè Sant'Eustachio | p. 40 | ⑫ Plan H9

Giolitti | p. 43 | ⑬ Plan H8

La piazza Navona (Quartier 4 - p. 44)

TERRA DI SIENA
Traditionnel ⑭ Plan G9

La preuve qu'on trouve encore des adresses authentiques et abordables même en plein centre historique de Rome. Ici, à chaque saison son menu, que l'on accompagne d'une sélection pointue de vins. Les plats de pâtes se marient aux saveurs de truffe ou de fromage, selon la tradition romaine ou toscane. À déguster sur la terrasse ou derrière la grande baie vitrée de la salle principale.

Piazza di Pasquino, 77/78 • ☎ 06 6830 7704 • www.ristoranteterradisiena.com • T.l.j. 12h-minuit, f. 2 semaines en janv. • Pâtes à partir de 10 €.

OSTERIA DELLE COPPELLE
Tapas ⑮ Plan H8

Installée sur des banquettes où autour de tables de bistrot, une foule plutôt jeune dévore des assiettes de *bruschette* ou autres tartines. Ici, la spécialité de la maison, ce sont les portions façon tapas espagnoles, à partager. Sur la petite place piétonne, une terrasse pour les tablées d'amis dont les rires se mélangent à la musique. Venez-y dès 18h30 pour profiter de l'*aperitivo*.
Piazza delle Coppelle, 54/55/56 • ☎ 06 4550 2826 • T.l.j. 12h-16h (déjeuner) ; 18h30-23h (minuit ven.-sam.) • *Bruschette* : à partir de 3 € ; plateaux de fromages : 8-14 €.

LA DELIZIOSA
Pâtisserie ⑯ Plan G9

Une pâtisserie comme on n'en fait plus ! Désuète à souhait, cette petite boutique sent bon le sucre chaud et émerveille les sens avec son comptoir aux saveurs colorés. La spécialité de la maison ? Ses *maritozzi*, une gourmandise en forme de pain au lait rempli de crème fouettée.
Vicolo Savelli, 48/50 • ☎ 06 6880 3155 • Mar.-dim. 7h-20h • *Maritozzi* : 1,50 €.

DA ALFREDO E ADA
Traditionnel ⑰ Plan G8

Un minuscule restaurant on ne peut plus atypique, sans devanture ni menu. On y entre, on s'y installe et c'est Chiara, la maîtresse des lieux, qui vous apporte ce qu'elle a choisi de cuisiner ce jour-là. C'est un endroit unique, d'une authenticité

Une gastronomie populaire dans l'âme

Faite de produits simples mais délicieux, la cuisine romaine accorde une place importante aux abats, s'enrichit au contact de la tradition juive dans le Ghetto et sublime les pâtes de son fromage de brebis, le ***pecorino.*** Un repas typique commence donc avec des artichauts, frits et croquants (***carciofi alla Giudea***, artichauts à la juive). Il continue avec une de ses spécialités de ***pasta*** **:** *carbonara*, *amatriciana* (*guanciale* - viande de porc poivrée -, *pecorino* et tomates) ou *gricia* (*guanciale* et *pecorino*). Les *secondi* de viandes proposent ***polpette*** (boulettes), ***saltimbocca*** (veau au vin blanc) ou abats comme la ***coda alla vaccinara*** (queue de vache en sauce tomate). En dessert, on se régale de **glaces,** de ***maritozzi*** (pain au lait rempli de crème) ou de ***crostata,*** tarte à la ricotta.

singulière rappelant l'ambiance de la Rome d'hier. Vous y mangerez copieusement sans vous ruiner.
Via dei Banchi Nuovi, 14 • ☎ 06 687 8842 • Mar.-sam. 12h-15h et 19h-22h • Env. 20-22 €.

L'ORSO 80
Traditionnel ⑱ **Plan H8**

Dans un cadre convivial, on y sert une solide cuisine de Rome et des Abruzzes pour des prix moyens. Les affamés raffoleront des *antipasti* maison (15 €).
Via dell'Orso, 33 • ☎ 06 686 4904 • www.orso80.it • Mar.-dim. 13h-15h30 et 19h-23h30 ; f. en août • Plats : 10-22 €.

CAFFETTERIA-BISTROT DEL CHIOSTRO DEL BRAMANTE
Snack ⑲ **Plan G8**

Loin du brouhaha de la ville, le petit café design du cloître de Bramante offre un cadre surréaliste où vous pourrez déjeuner en toute tranquillité. Installées au 1er étage, quelques tables agencées en extérieur respectent l'architecture et la sérénité du lieu, et offrent une vue imprenable sur la cour du cloître. Au menu, salades, sandwichs, œufs, assiettes de fromages ou de charcuterie, accompagnés d'une belle carte des vins.
Arco della Pace, 5 • ☎ 06 6880 9035 • Lun.-ven. 10h-19h45, sam.-dim. 10h-20h45 • Sandwichs et salades : env. 10 € (à midi) ; menu : 8-14 €.

Caffè Novecento

CAFFÈ NOVECENTO
Salon de thé ⑳ **Plan G8-9**

Les effluves de gâteaux sortis du four embaument ce petit bistrot/salon de thé à l'ambiance intimiste. Une cuisine maison créative renouvelée chaque jour, des basiques goûteux : soupes, lasagnes, quiches aux légumes, boulgour (plats entre 10 et 12 €) et de délicieuses tartes maison (4-8 €) combleront les petites faims exigeantes. À l'apéro, spritz aux fruits ou vins biodynamiques.

Via del Governo Vecchio, 12
• ☎ 06 686 5242
• Lun., mer.-dim. 8h-23h
(juin-août : sam.-dim. 8h-17h)
• Petit-déjeuner : 13 € ;
menu midi : 15-25 €.

CASA & BOTTEGA
Snack ㉑ Plan G8

Entre les échoppes d'antiquaires de la via dei Coronari se cache une petite cafétéria chic et cosy. On y grignote des *bruschette* (9 €), des salades (9-12 €), des carpaccios, des huîtres ou encore des paninis. Carte de cocktails et de vins. Généralement très animé à l'heure du déjeuner.
Via dei Coronari, 183
• ☎ 06 686 4358 • T.l.j. 7h30-21h.

CINQUE LUNE
Pâtisserie ㉒ Plan H8

L'une des meilleures pâtisseries de la ville ! Depuis son ouverture en 1902, les Romains s'y pressent pour déguster leurs grandes spécialités de gâteaux à la crème. Le plus typique : les *antichi romani* (30 €/kg), une ancienne recette romaine qui mêle ricotta, miel, épices, fruits confits et chocolat...
Corso del Rinascimento, 89
• ☎ 06 6880 1005 • http://cinquelune.net • Mar.-dim. 8h-21h30.

VOIR AUSSI :

Vivi Bistrot | p. 46 | ㉓ Plan H9

Gelateria del Teatro | p. 48 | ㉔ Plan G8

Campo de' Fiori (Quartier 5 - p. 54)

Barnum Café

BARNUM CAFÉ
Café ㉕ Plan G9

Dans ce bistrot à la fois populaire et tendance, à chaque heure son ambiance. Le matin, c'est l'heure du café, accompagné, pour ceux qui le souhaitent, de douceurs. À midi, employés du coin et touristes en goguette y déjeunent sur le pouce (plats du jour à l'ardoise). Et le soir, en plus du menu, s'ajoute une sélection de cocktails (8-12 €) pour une jeunesse dorée.
Via del Pellegrino, 87 • ☎ 06 6476 0483
• www.barnumcafe.com • Lun. 9h-minuit, mar.-sam. 8h30-2h • Petit déj. : 2,60-10 € ; plats : 8-12 € (midi et soir).

FILETTI DI BACCALÀ
Beignets de poissons ㉖ Plan H9

Situé sur une petite place au milieu de la via dei Giubbonari, ce petit bistrot populaire, plus connu sous le nom de Dar Filettaro, est ultra-typique. Cela comprend un éclairage au néon et une délicieuse odeur de friture, ainsi qu'un choix de plats plutôt limité. Tentez les divins filets de morue en beignets *(filetti di baccalà)* accompagnés d'une salade.
Largo dei Librari, 88 • ☎ 06 686 4018 • Lun.-sam. 17h30-23h ; f. en août • Plat : 5 €.

IL FORNO
Pizzas ㉗ Plan G9

Si, plutôt que de manger assis au restaurant, vous souhaitez continuer de parcourir la ville tout en grignotant, Il Forno est l'adresse qu'il vous faut. Tous les sandwichs de cette boulangerie sont délicieux, mais ce que les Romains s'arrachent à l'heure du déjeuner, ce sont leurs pizzas : la *bianca* (une fougasse salée et croustillante ; 10 €/kg) ou la *rossa* (recouverte de tomates ; 13 €/kg) sont plus que légendaires. Il ne vous restera plus qu'à faire un petit tour chez Antica Norcineria Viola (p. 195) pour y glisser une tranche de charcuterie !
Piazza Campo de' Fiori, 22 • ☎ 06 6880 6662 • www.fornocampodefiori.com • Lun.-sam. 7h30-14h30 et 16h45-20h ; f. sam. ap.-m. juil.-août.

ROSCIOLI
Bar à vins ㉘ Plan H9

Impossible de trouver une table si vous n'avez pas réservé,

mais cela en vaut vraiment la peine. Les produits de haute qualité sont piochés derrière le comptoir de cette ex-épicerie fine transformée en restaurant par la famille Roscioli. À ne pas manquer : les assiettes de charcuteries et de fromages, très bien garnies, et la *gricia*, une version sans œuf de la carbonara. Et pour ceux qui en voudraient encore, direction l'Antico Forno Roscioli à deux pas du restaurant.
Via dei Giubbonari, 21/22 • ☎ 06 687 5287 • www.salumeriaroscioli.com • Lun.-sam. 12h30-16h, 19h-minuit • Plats : 12-24 €.

L'ANGOLO DIVINO
Bar à vins ㉙ Plan G9

À côté du palazzo Farnese, cette ancienne épicerie, reconvertie en bar à vins, est parfaite pour une halte coupe-faim. Une immense collection de crus italiens réunis par Massimo Crippa est à déguster avec une exquise charcuterie ou du fromage, à toute heure.
Via dei Balestrari, 12-14 • ☎ 06 686 4413 • www.angolodivino.it • Mar.-sam. 10h30-15h, t.l.j. 17h-1h (1h30 ven. et sam.) ; f. 2 sem. en août • Plats : 8-18 €.

VOIR AUSSI :
Supplizio | p. 56 | ㉚ Plan G9

Le Ghetto (Quartier 6 - p. 58)

DISPENSA
Épicerie/pizzas ㉛ Plan H9

Imaginez une épicerie où vous dégustez les produits directement sur une grande table centrale. Dans les frigos, salades et desserts en bocaux. Sur les étagères, toutes sortes de gourmandises, et, derrière le comptoir, un espace boulangerie avec pizzas, quiches et feuilletés de légumes. Pour 10 €, le soir, option *aperitivo* avec un plateau de gourmandises à déguster. Une option originale à petit prix au cœur du Ghetto !
Via Paganica, 8 • T.l.j. 8h30-minuit • *Aperitivo* : 10 € ; assiettes repas : 8-12 €.

VECCHIA ROMA
Traditionnel ㉜ Plan I10

Goûtez les *involtini* de poivrons aux câpres ou les *bocconcini di abbacchio dorati e fritti con carciofo croccante* (agneau aux artichauts) dans ce restaurant traditionnel situé à côté de la spectaculaire façade baroque de Santa Maria in Campitelli. Sur la place, le soir, le murmure de la fontaine della Porta se mêle aux cris des mouettes sur le Tibre.
Piazza di Campitelli, 18 • ☎ 06 686 4604 • www.ristorantevecchiaroma.com • Jeu.-mar. 13h-15h et 19h30-23h ; f. 1 sem. en août • Plats : 15-18 €.

Nos havres de paix PRÉFÉRÉS

Lorsque le bruit et le rythme de la ville deviennent trop intenses, il est bon de faire une pause dans un endroit paisible. Jardin, cloître, passage couvert ou terrasse, voici cinq pépites où souffler autour d'un verre, d'un café ou d'une pâtisserie.

Il Giardino di Giulia e fratelli

IL GIARDINO DI GIULIA E FRATELLI

Sous les arbres, le long de la via Appia Antica, cuisine familiale au barbecue, sandwichs ou classiques romains préparés avec maestria. Voir p. 113, **Aventin.**

OTELLO ALLA CONCORDIA

En plein centre historique, on ne soupçonne pas cette petite cour cachée derrière une porte cochère. Sous la verrière, la terrasse est idéale pour souffler entre deux visites, en dévorant des plats de pâtes typiquement romaines ! Voir p. 141, **Piazza di Spagna.**

CAFFETTERIA-BISTROT DEL CHIOSTRO DEL BRAMANTE

Un café design aménagé à l'étage d'un cloître datant de 1500. De petites tables ont été installées près des fauteuils bâtis dans la pierre, offrant une vue plongeante sur la cour intérieure. Une invitation à la méditation. Voir p. 135, **Piazza Navona.**

PASTICCERIA DAGNINO

Un lieu hors du temps, à l'abri des intempéries et de la frénésie romaine, où craquer pour une pâtisserie et un café. Voir p. 91, **Piazza della Repubblica.**

STRAVINSKIJ BAR À L'HÔTEL DE RUSSIE

Le jardin de l'Hôtel de Russie, insoupçonnable depuis la rue, est situé en contrebas du Pincio, ce qui le dote d'un véritable mur de verdure. Les prix y sont un peu élevés mais le dépaysement est garanti. Voir p. 141, **Tridente.**

SORA LELLA
Traditionnel ㉝ Plan H10

Réservez pour dîner dans ce restaurant historique, le seul situé sur l'île Tibérine, avec vue sur le Tibre. Cuisine régionale, excellente carte des vins et service impeccable. De robustes plats *romaneschi* (« de Rome ») comme les *tonnarelli alla Gricia* (16 €) ou la *coda alla vaccinara* (22 €).

Via di Ponte Quattro Capi, 16, Isola Tiberina • ☎ 06 686 1601 • www.trattoriasoralella.it • Lun.-sam. 12h30-15h et 19h30-23h ; f. 1 sem. en août • Plats : 12-18 € ; menu dégustation : 55 € ; menu végétarien : 50 €.

VOIR AUSSI :

Alberto Pica | p. 60 | ㉞ Plan H10

La piazza di Spagna et le Tridente (Quartier 7 - p. 64)

MONDO ARANCINA
Street food ㉟ Plan H6

L'*arancina*, boule de riz farcie à la mozzarella et frite, est une cousine sicilienne du *supplì*. Ce petit snack s'érige en comptoir de la street food sicilienne dans la capitale : pizza à pâte haute ou croquante, toutes sortes de fritures et de feuilletés farcis pour un déjeuner sur le pouce à petit prix. Goûtez le *cannolo* sicilien en dessert !

Via Flaminia, 42/44 • ☎ 06 3611 069 • http://mondoarancina.it • Lun.-sam. 8h-23h, dim. 9h-23h • *Arancina* : 2,50 € ; *cannolo* : 2,50 €.

La Buvette

EDY
Traditionnel ㊱ Plan I7

Il est assez difficile de trouver une bonne *trattoria* à des prix honnêtes en plein centre-ville. Edy en est une : ambiance sympa, cuisine familiale et bons petits vins maison. Essayez les pâtes *linguine* aux gambas et fleurs de courgettes.

Vicolo del Babuino, 4 • ☎ 06 3600 1738 • www.ristoranteedy.it • Lun.-sam. 12h-15h30 et 18h30-23h • Plats : 10-25 €.

LA BUVETTE
Brasserie ㊳ Plan I7

Le nom à consonance française de ce restaurant est sans doute lié à sa déco typique des anciens bistrots chics parisiens : tables en marbre, banquettes de cuir un peu rétro, boiseries, etc. La carte propose des plats typiques de bistrot (hamburger, salade niçoise, croque-madame, œufs Bénédicte) mais aussi des woks, des pâtes et des plats du jour. En dessert, le *tiramisù* est un vrai régal. Quelques tables en terrasse.

Via Vittoria, 44/47 • ☎ 06 679 0383 • Lun.-sam. 8h-23h, dim. 9h-23h • Plats : 13-25 €.

FIASCHETTERIA BELTRAMME
Traditionnel ㊴ Plan I7

Le restaurant des peintres et des artistes de la vieille Rome ; les murs tapissés de photos et de tableaux en témoignent. Atmosphère familiale et plats traditionnels, service rapide qui ne permet pas de s'attarder, mais on vient ici pour la cuisine. Bons produits et cuisson parfaite.

Via della Croce, 39 • ☎ 06 6979 7200 • T.l.j. 11h30-23h30 • Plats : 9-19 €.

OTELLO ALLA CONCORDIA
Traditionnel ㊵ Plan I7

Un endroit charmant avec une cour intérieure climatisée couverte de glycine, ce qui est bien appréciable en été. Vous mangerez de simples et bons plats traditionnels à un prix fort raisonnable.

Via della Croce, 81 • ☎ 06 679 1178 ou 06 790 271 • www.otelloallaconcordia.it • Lun.-sam. 12h15-15h et 19h-23h, dim. 12h15-15h ; f. dim. juil.-sept. • Plats : 10-15 €.

STRAVINSKIJ BAR À L'HÔTEL DE RUSSIE
Salon de thé / bar à cocktails ㊶ Plan H6

La cour intérieure arborée de l'Hôtel de Russie est un véritable havre de paix. Au fond, un jardin surélevé annonce le début du Pincio et de la Villa Borghese (voir p. 73). Tout au long de la journée, vous pourrez déguster café, thé et pâtisseries, mais attention, le luxe a un prix ! Comptez environ 9 € pour un thé et 16-18 € pour un gâteau. Le soir, la jet-set locale se mêle aux milliardaires russes pour siroter des cocktails hors de prix.

Via del Babuino, 9 • ☎ 06 328 881 • www.roccofortehotels.com • T.l.j. 9h-1h.

BABINGTON'S
Salon de thé ㊷ Plan I7

Ce salon de thé est très élégant avec une ambiance intime et familiale : parquet ciré, vitrine des pâtisseries et mobilier d'époque. De cet ancien établissement fondé en 1896 se dégage une atmosphère

Stravinskij Bar à l'Hôtel de Russie, p. 141

très *British* avec, quand même, une pointe de prétention.
Piazza di Spagna, 23
• ☎ 06 678 6027
• www.babingtons.com • T.l.j. 12h-19h (mar., sam.-dim. • Thé : 10-21 € ; boissons fraîches : 5,50-11 € ; gâteaux : 10 € ; tea time de l'après-midi : 32 €.

VOIR AUSSI :

Atelier Canova-Tadolini | **p. 67** | ㊸ Plan I7

Il Margutta | **p. 70** | ㊹ Plan H7

La Villa Borghese (Quartier 8 - p. 72)

VYTA A VILLA BORGHESE
Snack ㊺ Plan D1

Si la Villa Borghese fait partie de votre programme, profitez-en pour déjeuner dans ce petit café-terrasse situé dans le parc, à deux pas de la porta Pinciana (entrée par la via Vittorio Veneto). Vous pourrez déguster sur le pouce un succulent sandwich, confortablement installé sous un porche, à la fraîcheur des arbres. Vous pouvez aussi bien vous rendre au restaurant pour y faire un vrai repas.
Casa del Cinema, Largo Marcello Mastroianni, 1 • ☎ 06 877 16 019
• T.l.j. 8h-21h • Sandwichs : 4,50-6,50 € ; salades : 7-8,50 € ; plats : 12-24 €.

Le Quirinal et la fontaine de Trevi (Quartier 9 - p. 78)

BACCANO
Traditionnel ㊼ Plan I8

Un décor chic façon brasserie parisienne, avec de vieux ventilateurs au plafond, des banquettes rouges et des chaises bistrot. Bacccano est de plus très bien placé (à deux pas de la fontaine de Trevi). Outre un bar à huîtres et une belle offre de cocktails, il propose

le meilleur de la cuisine traditionnelle italienne. Service classique en noir et blanc, costume et nœud papillon.
Via delle Muratte, 23 • ☎ 06 6994 1166 • www.baccanoroma.com • T.l.j. 11h-2h • Plats : 18-24 €.

CHIANTI OSTERIA TOSCANA
Traditionnel/ bar à vins/pizzas ㊽ Plan I8

Ça se bouscule (et s'entasse un peu, à vrai dire !) sur la superbe terrasse et dans les grandes salles de ce bar à vins et restaurant. Et pour cause : une bonne cuisine (pizzas, pâtes maison, viandes) et des vins de qualité en font une adresse tout à fait honnête. Un must, la bresaola avec des pommes et du parmesan. Petit bémol pour la lenteur du service.
Via del Lavatore, 81/82 • ☎ 06 679 2470 • www.chiantiosteritoscana.it • T.l.j. 12h-23h15 • Plats : 10-20 € (viande fiorentine à 40 €).

COLLINE EMILIANE
Traditionnel ㊾ Plan D2

Derrière une porte discrète, un accueil charmant et une clientèle d'habitués venus se régaler d'une succulente cuisine de l'Émilie. On y sert depuis 1931 des spécialités de Bologne et de Modène. Les pâtes maison, comme les *tortelli* fourrés au potiron (15 €), sont délicieuses. Pour changer un peu, laissez-

Baccano

vous tenter par la spécialité, le *giambonetto di vitello con purea* (18 €), du veau bouilli dans le lait pendant 4 h servi avec sa sauce secrète et son excellente purée.
Via degli Avignonesi, 22 • ☎ 06 481 75 38 • Mar.-sam. 12h45-14h45 et 19h30-22h45, dim. 12h45-14h45 • Plats : 14-18 €.

VOIR AUSSI :

San Crispino | p. 80
| ㊿ Plan C2

De Monti à l'Esquilin (Quartier 10 – p. 82)

FATA MORGANA
Glaces (51) Plan D3

Les parfums originaux et artisanaux de cette *gelateria* sur une petite place font fureur dans toute la ville. Des mélanges de goûts qui ressemblent à des cocktails raffinés et une expérience gustative hors de l'ordinaire.
Piazza degli Zingari, 5 • ☎ 06 4890 6955 • Lun.-ven., dim. 13h30-22h (21h dim.), sam. 13h30-minuit (horaires variables selon saisons).

LA PIADINERIA
Street food (52) Plan D3

Non, ce n'est pas un *wrap*, même si cela y ressemble ! Authentiquement italienne, la *piadina* est une épaisse crêpe croustillante que l'on garnit de fromage, jambon, légumes... , pliée en deux. On peut la manger au comptoir de la petite boutique ou l'emporter pour se poser sur la jolie place de la Madonna dei Monti.
Via del Boschetto, 98 • ☎ 06 4890 7923 • www.lapiadineria.com • Lun.-ven. 11h30-15h30 et 17h30-22h, sam.-dim. 11h30-15h et 18h-22h • *Piadina* autour de 5 €.

LA CICALA E LA FORMICA
Traditionnel (54) Plan D3

Ce petit restaurant chaleureux de Monti séduit par son accueil sympathique, ainsi que par ses plats simples et goûteux : soufflés aux légumes, *bruschetta* aux tomates (6 €), roast beef (12 €) et *pasta* maison 10-12 €). Agréable petite terrasse.
Via Leonina, 17 • ☎ 06 481 7490 • www.lacicalaelaformica.eu • T.l.j. 12h30-15h et 18h30-23h • Plats : 6-14 €.

LA CARBONARA
Traditionnel (55) Plan D3

Une adresse très courue pour ses pâtes fraîches maison. Depuis 1906, l'*osteria* est surtout réputée pour ses *spaghetti alla carbonara* (9 €). Également spécialités romaines comme le *baccalà* (12 €) servi le vendredi et les tripes (10 €) servies le samedi. À la cuisine bio et fraîche s'ajoute une très belle carte des vins italiens. Ambiance conviviale, parfois même un peu bruyante. Réservation conseillée.
Via Panisperna, 214 • ☎ 06 482 5176 • www.lacarbonara.it • Lun.-sam. 12h30-14h30 et 19h-23h • Plats : 8-15 €.

URBANA 47
Cuisine créative (56) Plan D3

Une clientèle jeune et bobo, adepte de cuisine bio, fréquente cet agréable établissement aux meubles vintage. On s'y régale de steaks végétariens aux lentilles, de morue à la sauce provençale, d'agneau romain au grill ou de cheese burgers. Les produits glanés auprès des petits

producteurs du Latium peuvent être achetés dans l'épicerie.
Via Urbana, 47 • ☎ 06 4788 4006
• www.urbana47.it
• Lun., mer.-dim. 8h-minuit (8h30 dim.)
• Pâtes : 12-15 € ; plats : 16-25 €.

IL MERCATO CENTRALE
Street food (59) Plan E3

Au sein de la gare de Termini, un espace immense dédié à la street food. On y trouve une sélection des spécialités romaines comme les *supplì* ou la *carbonara*, mais aussi des sandwichs aux fromages locaux, de la charcuterie, du poisson, etc. Chacun passe sa commande où bon lui semble, puis l'on se retrouve autour des tables centrales pour déguster le tout. Pratique : certains produits sont disponibles à la vente à emporter, parfait pour un souvenir de dernière minute avant de prendre le train pour l'aéroport...
Via Giovanni Giolitti, 36
• ☎ 06 4620 2900 • http://mercatocentrale.it/roma
• T.l.j. 8h-minuit
• De 1 à 15 €.

La piazza della Repubblica (Quartier 11 - p. 86)

CANTINA CANTARINI
Traditionnel (60) Plan D2

Cette *trattoria* populaire de quartier est exceptionnellement bonne. On y sert de la viande du lundi au jeudi, du poisson les autres jours de la semaine. Spécialités des Marches : légumes et *fritto misto* (calamars et crevettes, 14 €).
Piazza Sallustio, 12
• ☎ 06 485 528 et 06 4743 341
• www.ristorantecantinacantarini.it
• Lun.-sam. 12h30-15h et 19h30-22h30 ; f. en août et 2 sem. à Noël
• Plats : 7-14 €.

TRATTORIA DELL'OMO
Cuisine romaine (61) Plan E2

Passez outre le décor sans intérêt et les tables en enfilade de ce resto planqué à côté de la gare. La Trattoria dell'Omo est un sympathique restaurant familial. La « mamma » est en cuisine et c'est Antonio, le fils, qui vous servira des *tonnarelli cacio e pepe* généreuses (pâtes au fromage et au poivre, 8,50 €). À la carte, vous est proposée une cuisine romaine sans prétention, par exemple de l'*ossobuco* (13 €), des artichauts (4 €) et des fleurs de courgettes frites.
Via Vicenza, 18
• ☎ 06 490 411
• www.trattoriadellomoroma.com
• Lun.-sam. 12h30-15h et 19h30-22h45
• Plats : 8-14 €.

VOIR AUSSI :

Pasticceria Dagnino | p. 91 |
(62) Plan D2

Nos glaciers PRÉFÉRÉS

Manger une glace à Rome est bien plus qu'une gourmandise, c'est un véritable rituel ! Les Romains y sacrifient à toute heure et en toute saison. On reconnaît une bonne glace à sa couleur naturelle (fuyez les « pistache » fluo ou les parfums « Schtroumpf »...). À la carte, vous trouverez autant de crèmes glacées que de sorbets. Les glaces ne sont pas servies en boules à l'aide d'une cuillère mais les parfums sont superposés les uns sur les autres à l'aide d'une spatule.

LA ROMANA

Le top du top ! La texture onctueuse en fait un bijou de délicatesse. Parfums originaux comme les pesto d'amande ou de pistache. Voir p. 153, **Testaccio.**

FATA MORGANA

Inventivité et explosion de saveurs à la carte pour cette petite *gelateria* de Monti qui n'hésite pas à proposer de la glace fromage et miel ou basilic. Voir p. 144, **Monti.**

FIOR DI LUNA

Amoureux de la glace au chocolat, ne manquez pas ce glacier qui en a fait sa spécialité. Coiffés de *panna* (crème fouettée), ses *gelati* sont inoubliables. Voir p. 148, **Trastevere.**

SAN CRISPINO

Très apprécié des Romains, ce glacier est avant tout réputé pour ses glaces à la meringue. Une belle expérience gustative. Voir p. 80, **Quirinal.**

La cité du Vatican (Quartier 12 - p. 92)

IL SORPASSO
Traditionnel ⑥③ Plan B2

On mange de généreuses portions de pâtes ou l'on commande une multitude de petites portions à partager. Qualité du produit et respect des recettes traditionnelles, du plateau de charcuterie en passant par les classiques comme la *parmigiana* (aubergines au parmesan), un repas maîtrisé sur toute la ligne. La réservation est conseillée.

Via Properzio, 31/33 • ☎ 06 8902 4554 • http://sorpasso.info • Lun.-ven. 7h30-1h, sam. 9h-1h • Pâtes à partir de 7-12 €.

DAL TOSCANO
Traditionnel ⑥④ Plan A2

Les amateurs de côte de bœuf seront comblés ! À savourer également les spécialités toscanes comme les *fagioli al fiasco* (haricots blancs), les champignons sautés ou la *bistecca alla fiorentina*.

Via Germanico, 58-60 • ☎ 06 3972 5717 • www.ristorantedaltoscano.it • Mar.-dim. 12h30-15h et 20h-23h ; f. 2 sem. en août et 1 sem. en janv. • Plats : 10-16 €.

FRANCHI
Traiteur ⑥⑤ Plan B2

Voici une excellente adresse pour manger sur le pouce, « à la romaine ». Les habitants du quartier s'y bousculent à l'heure du déjeuner. Franchi compte parmi les meilleurs traiteurs de la ville. Vous y trouverez toutes les spécialités romaines incontournables comme les *supplì* (de délicieuses croquettes de riz farcies de mozzarella et de tomate, 2 €). Quelques tables de bar vous permettent de déjeuner debout.

Via Cola di Rienzo, 200 • ☎ 06 686 5564 • www.franchi.it • Lun.-sam. 8h30-20h30 (15h30 dim.) • *Tramezzino* (sandwich de pain de mie) : 3 €.

LA ZANZARA
Traditionnel ⑥⑥ Plan B2

Avec sa belle hauteur sous plafond, ses élégants carreaux de ciment au sol et sa déco industrielle, La Zanzara ressemble à un loft new-yorkais. On y savoure une cuisine de bistrot traditionnelle : brick d'œuf avec salades d'asperges cuites et crues, parmesan et tomates cerises (12 €), burger (14 €), cocottes de légumes et sardines (14 €)... enrichie de délicieuses pâtes fraîches élaborées sur place et de belles assiettes de charcuterie et de fromages italiens (la carte varie selon les jours). En été, on apprécie la vaste terrasse ombragée.

Via Crescenzio, 84 • ☎ 06 6839 2227 • www.lazanzararoma.com • T.l.j. 8h-2h • Plats : 10-28 €.

Le Trastevere (Quartier 13 - p. 102)

ROMA SPARITA
Traditionnel ⑥⑧ Plan C4

Sur une placette peu fréquentée, on mange la fameuse *cacio e pepe*, recette de pâtes au fromage et au poivre, dans une assiette faite de… fromage fondu ! Une spécialité maison qui a fait la notoriété de Roma Sparita dans la capitale. L'ambiance est populaire et le service gouailleur, typiquement romain.
Piazza di Santa Cecilia in Trastevere, 24 • ☎ 06 5800 757 • http://romasparita.com • Sept.-mai : mar.-sam. 12h30-14h30 et 19h30-23h30, dim. 12h30-14h30 ; juin-13 août : lun. 19h30-23h30, mar.-sam. 12h30-14h30 et 19h30-23h30.

DITTA TRINCHETTI
Végétarien ⑥⑨ Plan G10

Une bonne adresse pour déjeuner au frais dans une salle décorée de bric et de broc. Le menu suit le rythme des saisons et propose de nombreuses possibilités végétariennes, du plateau de fromages aux pâtes goûteuses. Belles salades composées et plats de légumes grillés.
Via della Lungaretta, 76 • ☎ 06 5833 1189 • http://dittatrinchetti.com • T.l.j. 12h-23h30 • Salades à partir de 12 €.

FIOR DI LUNA
Glaces ⑦⓪ Plan G10

Si votre glace est moins grosse que la moyenne, c'est gage de qualité,

Ditta Trinchetti

expliquent Fabio et Aldo dans sa *gelateria* de famille. Moins d'air dans la préparation, pour une glace plus dense aux saveurs plus fortes. Immanquable de la carte, le chocolat, spécialité maison. Les autres parfums changent selon les arrivages de fruits frais et de saison. N'hésitez pas à demander un ajout de *panna*, la crème fouettée, elle est gratuite...
Via della Lungaretta, 96 • ☎ 06 6456 1314 • http://fiordiluna.com • Nov.-mars. : mar.-dim. 13h-20h ; mars. : mar.-jeu. 13h-20h, ven.-dim. 13h-23h ; avr.-oct. : mar.-dim. 13h-minuit • Petit cornet : 2,50 €.

SOTTOSOPRA
Traditionnel ⑦① Plan G10

À deux pas de la piazza Trilussa et de son agitation nocturne, Sottosopra est une bonne adresse pour calmer les petites faims. Pizza, *foccacce*, hamburger et pâtes se dégustent perché sur un tabouret côté terrasse ou tranquillement assis dans la salle intérieure. À boire, des cocktails réalisés avec soin ou une belle sélection de crus italiens.
Via di Ponte Sisto, 67 • ☎ 06 589 4554 • www.sottosopra-roma.it • Mer.-lun. 15h-2h • Plats : 10-18 €.

RIPA 12
Cuisine de poissons ⑦② Plan B4

C'est le royaume du poisson grillé servi entier, accommodé avec

Sottosopra

des sauces simples qui le mettent bien en valeur. Le carpaccio de poisson (18 €) au saumon, à l'espadon ou au bar confirme le savoir-faire du cuisinier. L'endroit idéal des amateurs de poissons.
Via di San Francesco a Ripa, 12 • ☎ 06 580 9093 • www.ripa12.com • Lun.-sam. 12h-15h30 et 18h30-minuit ; f. 3 sem. en août • Plats : 13-22 €.

DAR POETA
Pizzas ⑦③ Plan G10

Nichée dans le virage d'une ruelle, cette pizzeria est à la fois une des plus populaires et des

Restos éphémères sur les berges du Tibre

Pour résister à la chaleur et profiter de la douceur des nuits d'été, les Romains aiment être en plein air. Le long du Tibre, **de mi-juin à fin août**, on monte guinguettes, petits restaurants et bars à *aperitivo* où règne une atmosphère oisive. Des événements culturels gratuits (concerts, expositions et spectacles) sont aussi organisés sur ces berges, qui s'étendent du Trastevere (accès ponte Sisto) à porta Portese, plus au sud.

Infos et programme sur http://lungoiltevereroma.it • Plan B3-C4.

plus charmantes du quartier. Confectionnées avec des farines spéciales, les pizzas sont censées faciliter la digestion. Essayez par exemple celle à la courgette et aux anchois. Vous ne trouverez pas meilleur rapport qualité/prix dans les environs, mais soyez patient : il y a de l'attente !

Vicolo del Bologna, 45
- ☎ 06 588 0516
- www.darpoeta.com
- T.l.j. 12h-minuit (1h en été)
- Pizzas : 5-9,50 €.

LA PROSCIUTTERIA
Bar à vins ⑮ Plan G10

L'endroit rêvé pour déguster sur place ou à emporter un copieux sandwich réalisé à la commande (le jambon est tranché devant vous) avec de vrais produits du terroir italien. Si vous restez sur place, vous pouvez également opter pour des planches de fromage, charcuterie, légumes grillés et condiments, ou pour un plat du jour. Au plafond, des jambons entiers, des casseroles et des passoires en guise de déco. Délicieux vins à la bouteille (petite 9 €, grande 16-40 €).

Via della Scala, 71
- ☎ 06 6456 2839
- www.cantinadeipapi.com
- T.l.j. 11h30-23h30 (sam. 1h30)
- Sandwichs : 4-6 € ; planches : 5-15 €.

BIR & FUD
Pizzas ⑯ Plan G10

Pour les Italiens, la pizza se déguste forcément accompagnée d'une bonne bière. C'est pourquoi cette sympathique pizzeria de quartier a choisi d'en mettre pas moins de vingt-huit variétés à la carte, pour satisfaire tous les appétits et toutes les soifs. L'endroit est populaire, aussi la éservation est-elle conseillée.

Via Benedetta, 23
- ☎ 06 589 4016 • www.birandfud.it
- Lun.-ven. 18h-2h, sam.-dim. 12h-2h• Pizzas : 6-15 €.

VOIR AUSSI :

Caffè Lungara 1940 | p. 105 | ⑰ Plan B3

La Prosciutteria

L'Aventin (Quartier 14 – p. 108)

AL CALLARELLO
Traditionnel/pizzas ⑱ Plan D5

Pendant l'été, quel bonheur de dîner sur la terrasse de cette *trattoria* qui propose de bons plats traditionnels, comme le risotto à la crème de langoustines !

Via Salvator Rosa, 8
• ☎ 06 574 7575
• Lun.-sam. 12h30-14h30 et 19h30-23h, dim.12h-15h ; f. 1 sem. en août
• Pizzas : 5-9 € ; plats : 12-22 €.

FELICE A TESTACCIO
Traditionnel ⑲ Plan C5

La *trattoria* qu'aimait fréquenter Roberto Benigni quand Felice y poussait encore ses colères est devenue la cantine chic du quartier avec sa touche déco industrielle.
La cuisine romaine authentique fait toujours son succès, et chaque jour de la semaine correspond à un plat traditionnel. Goûtez aux *tonnarelli cacio e pepe*, la spécialité maison ! L'ambiance est typiquement romaine, si bien que le service peut parfois être un peu rude avec les touristes.

Via Mastro Giorgio, 29
• ☎ 06 574 6800
• www.feliceatestaccio.it
• T.l.j. 12h30-15h et 19h15-23h15
• Plats : 10-20 € • Résa indispensable.

VOIR AUSSI :

Il Giardino di Giulia e fratelli | p. 113 | ⑳ Hors plan par E5

BARBAROSSA BEER FOOD
Street food
81 Hors plan par C5

À deux pas d'une des rues les plus connues de la nuit romaine, la via Libetta, cette petite *hamburgheria* est parfaite pour prendre des forces avant de sortir danser. Petits prix et deux tables en bois pour manger à l'extérieur un *cartoccio* ou un hamburger revu à l'italienne, aux légumes ou au *stracchino*, un fromage crémeux. L'adresse est aussi très fréquentée à midi par les étudiants de l'université d'en face.
Via Giulio Rocco, 55
• ☎ 38 9287 3631
• Lun.-sam. 12h-16h et 18h-21h30 • frites grande portion : 5 € ; hamburger : à partir de 5,50 €.

ANGELINA A TESTACCIO
Traditionnel/ pizzas
82 Plan C5

Chaises et meubles en bois cérusé, tables en métal, nombreuses plantes : on se croirait dans une maison de campagne, chez des amis. Après son adresse historique dans le Testaccio (riche en pizzas), Belles assiettes de pâtes romaines mais aussi beaucoup de légumes, en velouté, grillés, en salade, etc. À savoir : à midi, le plat du jour est à base de pâtes fraîches préparées sur place !

Felice a Testaccio, p. 151

Angelina a Testaccio

Via Galvani 24/A
• ☎ 06 5728 3840
• www.ristoranteangelina.com
• Lun.-sam. 19h30-23h30 (sept.-juil. : également mer.-lun. 12h30-15h) ; pizza et grill seulement le soir
• Plats : 10-20 €.

PORTO FLUVIALE
Traditionnel/ pizzas ⑧③ Hors plan par C5

Le Porto Fluviale est divisé en deux parties : la pizzeria (dans le fond du restaurant) et la *trattoria* qui sert une cuisine italienne et de bistrot. Pour la pizza, vous pouvez choisir votre pâte : fine (la romaine) ou plus épaisse (la napolitaine). À midi, vous pouvez également choisir les formules « buffet » ou « brunch », selon les jours de la semaine, qui proposent une boisson et des plats à volonté. C'est gargantuesque, un vrai régal !

Via del Porto Fluviale, 22
• ☎ 06 5743 199
• www.portofluviale.com
• T.l.j. 10h30-2h (ven.-sam. 3h)
• Plats : 9,50-21 € ; pizzas : 6-11 € ; buffet : 10 € (lun.-ven. 12h30-15h30) ; brunch : 20 € (w.-e. 12h30-16h).

LA ROMANA
Glaces ⑧④ Hors plan par C5

Il serait dommage de séjourner à Rome sans tester les glaces de La Romana. Leur texture est d'une onctuosité rarissime et leurs saveurs uniques suivent les saisons : *crema di castagne Piemonte* (châtaigne) en automne, *albicocca* (abricot) en été, *crema di nocciola al cacao* (noisette et cacao) tout au long de l'année… Également, plusieurs options vegan comme *liquiriza, menta e sale rosso* (réglisse, menthe et sel rouge) ou encore *mela* (pomme).

Via Ostiense, 48
• ☎ 06 5730 2253
• Lun.-jeu. 12h-minuit, ven.-sam. 12h-1h, dim. 11h-minuit
• Glaces 2 parfums (pot ou cornet) : 2,50 € ; crêpes : 3-4 €.

VOIR AUSSI :

Eataly | p. 119
| ⑧⑤ Hors plan par C5

Le Cælius et le Latran (Quartier 16 – p. 120)

CRAB
Cuisine de poissons
(86) Plan D4

Tout proche du Colisée, un restaurant de poissons à la cuisine classique : fruits de mer, *scampi*, tagliolini aux huitres et fruits de mer (23 €) et quelques plats très originaux.
Via Capo d'Africa, 2 • ☎ 06 7720 3636 • Mar.-dim. 12h-15h et 19h-23h • Plats : 13-25 €.

HOSTARIA I CLEMENTINI
Cuisine romaine (87) Plan D4

Cette *trattoria* de quartier située juste en face de la basilique San Clemente propose une cuisine romaine typique de qualité. Une petite cour située à l'arrière du restaurant permet de manger au calme et à l'air libre. Goûtez à la fraîcheur d'un menu de saison où les herbes aromatiques et les légumes du marché occupent la part belle. À noter : les desserts sont élégants et inventifs !
Via di San Giovanni in Laterano, 106
• ☎ 06 454 26 395
• www.iclementini.it
• T.l.j. 12h-16h et 19h-23h30
• Plats : 10-16 €.

VOIR AUSSI :
Cafè Cafè | p. 122 | (88) Plan D4

La Romana, p. 153

Bars, clubs & sorties

PAR QUARTIER

Les coups de cœur DE NOTRE AUTEUR

Après des journées riches en découvertes, les nuits romaines peuvent réserver d'agréables surprises. Poussez la porte des clubs et des bars qui programment concerts ou DJ ; goûtez à la *dolce vita* qui se vit sur les terrasses, en sirotant cocktails ou crus italiens. Lucie vous livre ici ses meilleures adresses !

IL COVINO

Quand le personnel est sympathique, les vins gouleyants et l'*aperitivo* abondant... C'est simple et j'adore ! Voir p. 173.

LE MURA

Sa sélection pointue et ses prix contenus font de ce petit local *alternativo* ma salle de concerts préférée à Rome. Voir p. 169.

Il Covino

SAN CALISTO

C'est un incontournable des soirées romaines, avec une ambiance très jeune et locale qui déborde sur la place autour du bar. Voir p. 174.

ENOTECA IL GOCCETTO

J'aime y aller pour goûter de très bonnes étiquettes de rouge ou de blanc dans un cadre historique, en grignotant des *mozzarelline* ultra-fraîches. Voir p. 162.

TERRA SATIS

Pour boire un spritz sous la tonnelle en fin de journée, dans une partie du Trastevere plus calme et plus authentique. Voir p. 174.

TUBA BAZAR

À la fois librairie féministe et bar, c'est un lieu éclectique où j'aime passer mes soirées au cœur du Pigneto. Voir p. 180.

À SAVOIR

OÙ SORTIR ?

Lors de la *passeggiata*, on profite des heures fraîches pour se promener. Les quartiers du centre les plus animés le soir sont les alentours de la **piazza Navona** et le **Campo de' Fiori,** agréables pour boire un verre mais très touristiques. Le **Trastevere** et ses ruelles truffées de bars ont une ambiance festive. À **Monti,** les *aperitivo* se prolongent tard dans la nuit autour de la piazza della Madonna di Monti. Au **Ghetto,** les soirées commencent tôt dans les *enoteche* et pour faire la fête, il faudra migrer vers les friches industrielles du **Testaccio** et d'**Ostiense,** qui concentrent les meilleurs clubs de la ville. Le **Pigneto** s'impose enfin avec ses bars bohèmes et arty. **En général, les bars sont fermés en août pour congés annuels.**

INFOS COVID-19

Les horaires d'ouverture des bars évoluent énormément. Certains clubs sont également provisoirement fermés. Renseignez-vous (site, page Facebook, téléphone) avant de vous déplacer.

RÉSERVER UN SPECTACLE

Réservez auprès d'une **agence de spectacles** ou d'une **centrale de réservation en ligne** (avec commission), telles que Orbis, piazza dell' Esquilino, 37 (D3) - ☎ 06 482 74 03 ; www.romeguide.it - ☎ 06 85 30 17 58 ; www.vivaticket.it ; www.ticketone.it - ☎ 89 21 01.

S'INFORMER

Chaque jeudi, le quotidien *La Repubblica* sort un **supplément**, *Trova Roma*, qui répertorie les spectacles programmés. Gratuit et disponible un peu partout, le fascicule ***Zero*** passe en revue les expos, concerts et soirées en club à ne pas manquer. Consultez également le bimensuel ***Wanted in Rome*** (www.wantedinrome.com), le très complet **www.romeguide.it**

SE REPÉRER

Chaque adresse de lieu de sortie est associée à une pastille violette numérotée. Vous retrouverez toutes les adresses positionnées sur le plan détachable.

Bars, clubs & sorties PAR QUARTIER

Les forums (Quartier 2 - p. 28)

COMING OUT
Bar LGBT ① Plan D4

Dans la rue la plus « gay » de Rome, le Coming Out, bar gay et lesbien campé aux abords du Colisée, fait figure d'institution et d'incontournable pour les sorties pré-club. Il y règne une ambiance survoltée qui se déverse sur le trottoir lors des nuits chaudes. Un spot propice aux rencontres, très animé, toujours bondé.

Via di San Giovanni in Laterano, 8 • ☎ 06 700 9871 • www.comingout.it • T.l.j. 7h-5h30 • Cocktails : 5-7 €.

Le Panthéon (Quartier 3 - p. 38)

ENOTECA SPIRITI
Bar à vins ② Plan I8

Au pied du temple d'Hadrien, une adresse où boire grands et petits vins sous les voûtes élégantes d'une salle moderne. À partir de 22h30, on pioche aussi dans la carte des cocktails.

Piazza di Pietra, 32 • ☎ 06 6919 0445 • Lun.-sam. 10h30-16h et 17h-1h ; f. août • Verre de vin : à partir de 7 €.

SALOTTO 42
Café littéraire / bar à cocktails ③ Plan I8

Salotto 42, *book bar* à la mode, se transforme en bar à cocktails branché. Il doit son ambiance un brin new-yorkaise à ses créateurs, le top model Malin Persson et Damiano Mazzarella, les premiers à imposer le concept de *book bar* à Rome.

Piazza di Pietra, 42 • ☎ 06 678 5804 • www.salotto42.it • T.l.j. 10h-2h • Cocktails au champagne : 12 €.

THE GIN CORNER
Bar lounge/ bar à cocktails ④ Plan H8

Le Gin Corner est installé au sein du prestigieux hôtel Adriano. La carte propose différents

The Gin Corner

Cinema Nuovo Olimpia

alcools, cocktails et martinis mais surtout une variété de 100 gins issus du monde entier ainsi que 8 boissons tonic différentes pour que vous puissiez composer vous-même le « Gin and Tonic » de vos rêves ! Également de succulentes petites bouchées salées.

Via di Pallacorda, 2
• ☎ 06 6880 2451
• Dim.-jeu. 18h-minuit, ven.-sam. 18h-1h
• Cocktails : 9-18 €.

CINEMA NUOVO OLIMPIA
Cinéma ⑤ **Plan I8**

Les salles de cinéma se font de plus en plus rares dans le centre de Rome. Et pour la diffusion de films en version originale, c'est encore pire ! Les deux salles du Nuovo Olimpia, situé dans le virage d'une ruelle à l'arrière de l'église San Lorenzo in Lucina (voir p. 43), font office de résistance en diffusant en V.O. des films d'auteurs internationaux.

Via in Lucina, 16/g • ☎ 06 6861 068
• Billet : 6-8 €.

La piazza Navona (Quartier 4 – p. 44)

MONS
Bar ⑥ **Plan G8**

Un bar aux allures de squat branché avec graffs sur les murs, déco kitsch où dominent les anges, et éclairage tamisé à la bougie... L'ambiance est jeune, la foule dense et le personnel sympathique. À l'*aperitivo*, les verres s'accompagnent de petites assiettes de légumes frits, et jusqu'au bout de la nuit (la cuisine ferme à 2h), les fêtards y trouveront de délicieux hamburgers.

Via della Fossa, 16 • ☎ 06 6893 426
• http://monscrew.com • Lun.-dim. 17h-2h • Cocktails : 8-12 €.

CUL DE SAC
Bar à vins ⑧ **Plan G9**

Le premier bar à vins à avoir ouvert en ville en 1977. Son point fort ? Une cave qui renfermerait plus de 1 500 bouteilles de vin !

Piazza di Pasquino, 73 • ☎ 06 6880

1094 • www.enotecaculdesacroma.it • T.l.j. 12h-0h30 • Env. 15-25 €.

BAR DEL FICO
Bar à cocktails ⑨ Plan G8

Voici un bar qui vit du petit matin jusque tard le soir, particulièrement apprécié par les joueurs d'échecs. Le décor moitié industriel, moitié brocante vaut à lui seul le coup d'œil avec ses miroirs biseautés et ses vieilles enseignes métalliques. La piazza Navona a beau être à deux pas, l'ambiance n'est étonnamment pas trop touristique : très sympa en journée, beaucoup plus branchée le soir quand la foule déborde de la terrasse sur la jolie place au milieu de laquelle trône un figuier *(fico)*, un vrai.

Piazza del Fico, 26 • ☎ 06 6889 1373 • www.bardelfico.com • T.l.j. 8h-2h • Café : 0,80 € ; cocktails : 8-12 €.

ETABLI
Bar à vins/jazz ⑪ Plan G8

Grandes tables en bois et bibliothèques bien fournies, poutres au plafond et briques apparentes peintes en blanc. À l'heure où bon nombre de bars jouent la carte de l'épure, tout dans le décor est ici des plus chaleureux et authentiques. Ne pas manquer les jam-sessions du jeudi, qui célèbrent le jazz et donnent au bar à vins des allures de maison de campagne bondée de bons copains.

Vicolo delle Vacche, 9 • ☎ 06 9761 6694 • www.etabli.it • Lun.-jeu. 7h30-1h, ven.-sam. 7h30-2h, dim. 9h-1h • Le verre : 5-12 €.

MIMÌ E COCÒ
Restaurant/ bar à vins ⑫ Plan G9

Mimì e Cocò est une adresse qui plaît autant pour sa carte des vins (principalement italiens), ses goûteuses planches de fromage et charcuterie, que pour sa vaste terrasse et sa bonne humeur. D'autant qu'il est rare, dans ce quartier, de trouver des lieux conviviaux où les touristes sont traités à l'égal des Romains.

Etabli

Mimì e Cocò

Via del Governo Vecchio, 72
• ☎ 06 6821 0845
• www.mimiecoco.com
• T.l.j. 10h-2h
• Verre de vin : 5-10 €.

DRINK ART GALLERY
Bar à cocktails ⑬ Plan G8

Son ambiance sombre et feutrée est un clin d'œil aux bars américains des années 1930. Ici, vous dégusterez des cocktails originaux aux noms étranges (comme le Zombie) ou des bières et vins de haute qualité. Musique live tous les jours : un pianiste solo vient notamment souvent accompagner en partie la soirée.

Piazza del Fico, 23/24
• ☎ 06 6821 0425
• www.drinkartgallery.com
• T.l.j. 16h-2h • Cocktails : 8-14 €.

ENOTECA IL GOCCETTO
Bar à vins ⑭ Plan G9

Sous un plafond en bois d'époque, les amateurs de vins goûteront au meilleur des nectars italiens. Et pour sublimer leurs bouquets, fromages locaux et légumes à l'huile composent un parfait apéro. Le raffinement à la romaine !

Via dei Banchi Vecchi, 14
• ☎ 06 9448583
• Lun.-sam. 12h-14h30 et 18h-minuit
• Vin au verre : 5-10 € ; bouteille : 21-55 €.

Campo de' Fiori (Quartier 5 - p. 54)

L'ARGOT
Piano-bar/ bar à cocktails ⑮ Plan G9

Deux salles voûtées en sous-sol, un piano et des cocktails d'exception : l'Argot répond à la mode des *speakeasy*, ces bars inspirés du protectionnisme américain qui ont envahi la capitale. Tout est soigné dans le moindre détail, de l'atmosphère aux cocktails inventés par les barmans. Les clients doivent adhérer à l'association et repartent avec leur carte de membre de ce bar qui mise tout sur le mystère.

Via dei Cappellari, 93
• ☎ 06 455 1696 • www.arci.it
• Mar.-sam. 22h-4h
• De mai à oct., le bar se déplace en plein air
• Cocktails : à partir de 12 €.

TEATRO ARGENTINA
Théâtre ⑯ Plan H9

Dès son inauguration en 1732, le Teatro Argentina s'est imposé comme la plus importante scène théâtrale de Rome. Sa programmation classique comprend des pièces produites par le Teatro di Roma ainsi que des spectacles de danse et de musique classique. L'établissement, qui cache un superbe auditorium derrière une élégante façade XIXᵉ s., est notamment célèbre pour avoir accueilli la première du *Barbier de Séville* de Rossini.

Largo di Torre Argentina, 52
• ☎ 06 684 000 311/14
• www.teatrodiroma.net
• Billetterie : lun.-ven. 10h-14h30
• Entrée : 12-40 €.

ORATORIO DEL GONFALONE
Musique classique, religieuse et de chambre ⑰ Plan B3

Ancien siège d'une confrérie religieuse, cet oratoire offre depuis quatre siècles un splendide écrin aux concerts de musique classique et religieuse. Orné de fresques du XVIᵉ s. représentant des scènes de la Passion qui lui ont valu le surnom de « chapelle Sixtine du maniérisme », le lieu est réputé pour ses concerts de musique de chambre d'excellente qualité.

Via del Gonfalone, 32/A (billetterie : vicolo della Scimia, 1/B ; B3)
• ☎ 06 687 5952
• www.oratoriogonfalone.eu
• Concerts (oct.-mai) : jeu. 21h
• Tarifs : 15-25 €.

OPEN BALADIN
Bar à bières ⑱ Plan H10

Un peu lassé des vins italiens et des cocktails au rhum ? Ce bar au décor contemporain et joyeux ne propose que des bières artisanales : une centaine au bas mot. Leur composition et leur goût sont

Nos meilleurs *APERITIVO*

L'*aperitivo* est un temps fort de la culture romaine. Alors que l'*happy hour* anglo-saxon se contente de proposer des boissons à prix réduits en début de soirée, l'apéritif italien offre pour l'achat d'un verre de quoi grignoter. Certains lieux proposent une assiette de bouchées apéritives (*bruschette*, etc.), tandis que d'autres mettent à disposition de gargantuesques buffets où l'on peut se servir à volonté. D'une façon générale, l'*aperitivo* débute à 18h ou 19h et se termine à 20h ou 21h. Mais il arrive que certains bars prolongent le plaisir. Et pour que vous soyez parfaitement calé, sachez que les boissons apéritives italiennes typiques sont les spritz, campari, martini et negroni.

FRENI & FRIZIONI

Cet ancien garage devenu une référence des soirées romaines ne désemplit jamais ! À tester pour sentir l'âme du quartier. Voir p. 176, **Trastevere.**

IL TRENTATRE

Un choix très varié, du salé au sucré, pour cet *aperitivo* de compétition qui remplace facilement le dîner. Très fréquenté des étudiants, ambiance jeune et festive. Voir p. 178, **Testaccio.**

LIBRERIA CAFFÈ BOHÉMIEN

Varié et copieux, l'*aperitivo* s'accompagne d'un buffet de spécialités et se déguste dans de confortables fauteuils en velours sur fond de musique jazzy. Voir p. 169, **De Monti à l'Esquilin.**

Bruschetta et spritz

détaillés. On peut aussi croquer un bout sur le pouce.
Via degli Specchi, 6
• ☎ 06 683 8989
• www.openbaladinroma.it
• T.l.j. 12h-2h • Bière : 5-7 €.

IL VINAIETTO
Bar à vins ⑲ Plan H9

C'est aux buveurs réunis sur le trottoir à l'heure des sorties de bureau que l'on reconnaît d'abord cette *enoteca* de quartier. Le décor tient plus de la cave à vins, avec ses murs couverts de bouteilles, que du bistrot. Peu de places assises, on préfère y discuter debout, dans une ambiance très amicale. Si vous avez un coup de cœur pour un cru, sachez que toutes les bouteilles sont en vente au détail.

Open Baladin, p. 163

Via del Monte della Farina, 38
• ☎ 06 6880 6989 • Lun.-sam. 10h30-15h et 18h30-23h
• Vin au verre : 3-5 €.

La piazza di Spagna et le Tridente (Quartier 7 - p. 64)

VILLA MEDICIS
Musique contemporaine ⑳ Plan I7

Le siège de l'Académie de France à Rome accueille en résidence des artistes issus de tous les domaines : c'est le lieu des amoureux de la culture. Tous les jeudis soir, les résidents rencontrent le public lors de conférences généralement passionnantes, de concerts ou d'expositions d'art contemporain. En juin, l'électro embrase les magnifiques jardins lors d'un festival programmant artistes français et internationaux.
Viale Trinità dei Monti, 1
• ☎ 06 67 611
• www.villamedici.it
• Horaires variables selon les événements.

AUDITORIUM PARCO DELLA MUSICA
Concerts/ spectacles ㉑ Hors plan par C1

Sous cette drôle de carapace s'agite une « véritable fabrique de la culture » selon les mots de son architecte, Renzo Piano. Le plus

Auditorium Parco della Musica

grand auditorium d'Europe, avec ses huit salles de concerts, s'affiche comme la star de la vie culturelle romaine ! Au programme : des concerts de musique symphonique (c'est le siège de l'orchestre de l'illustre Accademia nazionale di Santa Cecilia) et de musiques actuelles (jazz, pop, rock, musiques du monde), des rétrospectives cinématographiques, des rencontres littéraires et des expositions d'art…
L'Auditorium Parco della Musica est à quelques arrêts de tram au nord du quartier du Tridente.

Viale Pietro de Coubertin, 30 • Tramway 2, arrêt Apollodoro • ☎ 06 8024 1281 • www.auditorium.com • Billetterie : t.l.j. 11h-20h (hiver : 18h) • Concerts à 21h ; tarifs variables selon la programmation.

TEATRO OLIMPICO
Concerts/ spectacles ㉒ **Hors plan par C1**

Un peu en marge du quartier, ce théâtre construit dans les années 1930 offre une programmation variée, accueillant des comédies musicales, des concerts pop ou de musique classique, des pièces de théâtre et des spectacles de danse avec pour point d'orgue les concerts de musique de chambre de l'Accademia Filarmonica Romana.
Le Teatro Olimpico peut accueillir 1 400 spectateurs

Piazza Gentile da Fabriano, 17 • Tramway 2, arrêt Mancini • ☎ 06 326 5991 • www.teatroolimpico.it • Billetterie : t.l.j. 10h-19h • Tarifs et horaires variables selon la programmation.

La Villa Borghese (Quartier 8 - p. 72)

SETTIMO ROMAN CUISINE & TERRASSE
Bar et restaurant/ rooftop ㉓ Plan D2

Le luxueux hôtel Sofitel Villa Borghese possède un bar-terrasse sur son toit. Vue panoramique imprenable sur les jardins de la Villa Borghese et la Villa Médicis. Le restaurant aménagé sur le toit propose une cuisine romaine typique : *saltimbocca a la romana* (29 €) ou *tonnarelli calcio e pepe* (18 €).

Hôtel Sofitel Villa Borghese, via Lombardia, 47
- ☎ 06 478 022944
- T.l.j. à midi et le soir.

VOIR AUSSI :

Chill Bar Casina Valadier | p. 76 | ㉔ Plan I6

Le Quirinal et la fontaine de Trevi (Quartier 9 - p. 78)

UP SUNSET BAR
Rooftop ㉕ Plan C2

Il faut grimper au dernier étage de l'immense centre commercial La Rinascente pour accéder à cette terrasse privilégiée. Face aux plus beaux dômes de Rome, en observant les ocres des tuiles dorer au soleil, Romains et visiteurs sirotent un spritz ou un café à toute heure du jour. Mais c'est surtout au crépuscule que la ville resplendit de toute son éternelle beauté. La douceur de vivre à la romaine !

La Rinascente, via del Tritone, 61, 6e et 7e étages
- ☎ 06 8791 6652
- www.upsunsetbar.com
- T.l.j. 9h30-23h
- Spritz et cocktails : 12 €.

De Monti à l'Esquilin (Quartier 10 - p. 82)

BLACKMARKET HALL RIONE MONTI
Bar à vins/ à cocktails ㉖ Plan D3

Insoupçonnable depuis la rue, ce bar est un labyrinthe réparti sur plusieurs niveaux. Des couloirs tortueux relient des salles en alcôve à la pièce principale, où ont lieu des concerts. Enfin, on découvre une terrasse enfouie sous la végétation. Sur le menu, vins, grand choix de cocktails et planches de charcuterie.

Via de Ciancaleoni, 31
- ☎ 349 199 5295
- T.l.j. 18h-2h
- Vin au verre : dès 5 €.

Blackmarket Hall Rione Monti

GATSBY CAFÈ
Concerts/ soirées dansantes ㉗ Plan E3

Sous un portique de la piazza Vittorio Emanuele II, on danse sur le parvis plusieurs soirs par semaine. La salle et ses lumières tamisées accueillent jazz band, groupes de salsa ou de musique du monde. La décoration, rétro à souhait, est en partie restée celle de l'atelier du chapelier qui occupait les lieux dans les années 1950. Idéal pour une soirée originale en musique !

Piazza Vittorio Emanuele II, 106
• ☎ 06 6933 9626
• Lun.-jeu. et dim. 8h-minuit, ven.-sam. 8h-2h • Programme des concerts sur la page Facebook : facebook.com/gatsbycafe
• Verre de vin : à partir de 5 €.

ICE CLUB
Bar à cocktails ㉘ Plan D3

Un lieu insolite ! Si vous êtes adepte des expériences ou si vous recherchez un peu de fraîcheur, faites étape dans ce bar en glace où la température atteint - 5 °C ! Chaque année, 40 tonnes de glace en provenance du Kent sont sculptées sur place avec un design à chaque fois renouvelé. Armé d'une veste thermique fournie à l'entrée du bar (des moufles sont aussi en vente à 2,50 €), on se réchauffe ici à grand renfort de cocktails de vodka notamment servis dans des verres… en glace évidemment !

Via della Madonna dei Monti, 18-19
• ☎ 06 9784 5581
• www.iceclubroma.it
• Lun.-jeu. 17h-1h, ven.-sam. 16h-1h, dim. 14h-1h
• Entrée : 15 € avec boisson ; shot : à partir de 2 € ; cocktails : à partir de 5 €.

LE MURA
Concerts/ DJ sets ㉙ Plan E3

C'est la petite salle de concerts alternative de Rome qui monte depuis sa création en 2010. Des cocktails de qualité, une programmation indie-rock et des DJ locaux, un baby-foot gratuit et un coin cosy avec d'énormes fauteuils… voilà un lieu pour faire la fête, aux portes du quartier étudiant de San Lorenzo.

Via di Porta Labicana, 24
- ☎ 320 832 7063
- T.l.j. 21h-2h
- Bières : 5 € ; cocktails : 8 €
- Carte de membre créée à l'entrée.

CAVOUR 313
Bar à vins — (30) Plan D3

Mille bouteilles agrémentent le décor chaleureux de ce bar fondé en 1935, parmi lesquelles une majorité de bouteilles de petits producteurs italiens.

Via Cavour, 313
- ☎ 06 678 5496
- www.cavour313.it
- T.l.j. 12h30-14h45 et 18h-23h30 (minuit ven.-sam.) ; f. dim. et 3 sem. en août.

LIBRERIA CAFFÈ BOHÉMIEN
Café littéraire/ bar à vins — (31) Plan D3

Bar à vins, salon de thé, librairie et salon de lecture à la fois, cette adresse à l'esprit bohème s'anime vers 23h. Profitez toutefois de l'*aperitivo* (19h30-21h30), qui comprend une consommation et l'accès au buffet où l'on peut picorer salades, pizzas ou mini-sandwichs. Le petit salon de lecture au charme désuet, avec ses vieilles banquettes en velours capitonné et sa lumière tamisée, a quelque chose de poétique et séduira les amateurs de littérature.

Ice Bar

Via degli Zingari, 36
- ☎ 339 722 4622
- www.caffebohemien.it
- Lun., mer.-jeu. et dim. 17h30-1h30 ; ven.-sam. 18h-2h
- *Aperitivo* : 3 € + boisson.

AI TRE SCALINI BOTTIGLIERIA
Bar à vins — (32) Plan D3

La vigne qui court sur la façade annonce l'entrée de ce bar à vins très animé. Littéralement bondé à l'heure de l'*aperitivo*, au point que la clientèle déborde sur la rue, cet établissement décontracté et très fréquenté par les étudiants propose d'accompagner

Notre top DES TERRASSES ET DES ROOFTOPS

La douceur de vivre à la romaine se savoure à la terrasse des bars et des cafés. Loin de la foule, perché sur un toit ou au son d'une fontaine, prenez le temps de vous rafraîchir à toute heure dans ces cadres exceptionnels.

UP SUNSET BAR

Une terrasse qui domine la ville depuis le septième étage. Brise rafraîchissante, cocktails et couchers de soleil qui enflamment le ciel de Rome. Voir p. 167, **Quirinal.**

ZEST

Il est possible de faire une pause au bord de la piscine de cet hôtel chic même sans y dormir. Un cadre fabuleux sur le toit à deux pas de Termini. Voir p. 171, **Monti.**

BAR DEL FICO

Une grande terrasse à l'ombre du figuier, agréable et très prisée à toute heure du jour, du petit déjeuner à la fin de soirée. Voir p. 161, **Piazza Navona.**

CHILL BAR CASINA VALADIER

L'*aperitivo* se fait historique au premier étage de ce petit palais néoclassique installé sur la colline du Pincio. Voir p. 76, **Villa Borghese.**

Vue depuis le Chill Bar Casina Valadier

Le Mura, p. 169

les boissons de petits plats frais et bien nourrissants, comme des ravioli au pesto et des lasagnes au *ragù*. Bruit et promiscuité (ou plutôt chaleur et convivialité à l'italienne) font partie de l'expérience.

Via Panisperna, 251
• ☎ 06 48 90 7495
• www.aitrescalini.org
• T.l.j. 12h-1h
• Verre de vin : 5-8,50 €.

ZEST
Bar à cocktails/ piscine
㉝ Plan E3

Si vous n'aimez pas les ambiances de foule, rendez-vous dans l'un des lieux les plus chics et design de Rome, le Zest. Situé au dernier étage de l'hôtel Es., dans le quartier de la gare Termini, le bar de cet établissement vous offre un cadre vraiment idyllique et relaxant grâce à sa situation privilégiée... au bord de la piscine (les étés sont chauds à Rome !). L'endroit est assurément idéal pour savourer un cocktail à la tombée de la nuit !

Radisson Blu es. Hotel, via F. Turati, 171
• ☎ 06 44 48 41 • www.radisson blu.com • T.l.j. 10h30-minuit
• Piscine ouv. dès mai
• Cocktails : à partir de 15 €.

CHARITY CAFÉ
Bar à vins/ jazz et blues
㉞ Plan D3

Depuis l'an 2000, le Charity Café propose dans une ambiance jeune et décontractée de la musique live de bonne qualité. Du mercredi au dimanche, des groupes de jazz ou de blues jouent à partir de 22h. Un endroit agréable et chaleureux pour boire un verre accompagné d'une planche de charcuteries ou de fromages sur fond musical... Bonne carte de cocktails également.
Les murs sont couverts de dessins et de messages des clients !

Via Panisperna, 68
• ☎ 06 4782 5881
• www.charitycafe.it
• Mar.-dim. 18h-2h
• *ApériLIVE* le dim. (19h-21h30) : 10 €.

La piazza della Repubblica (Quartier 11 - p. 86)

GREGORY'S
Bar à whisky/ jazz ㊱ Plan C2

Gregory's est né en 1996 de deux passions : le jazz et le whisky, très assumées puisque la carte propose près de 150 marques de whisky qui vous feront parcourir le monde, ainsi que des concerts de jazz à 22h ou à minuit pour les jams du mardi soir.
Via Gregoriana, 54/a • ☎ 06 679 6386 • www.gregorysjazz.com • Mar.-dim. 19h-2h • Concert : 15 € (mar.-jeu.), 20 € (ven.-sam.), comprenant un verre.

TRIMANI IL WINE BAR
Bar à vins ㊲ Plan E2

Voici une autre adresse historique. La famille Trimani vend du vin depuis 1821 ! Apéro et vins accompagnés de *crostini* en tout genre. Autre spécialité de la maison, la grappa.
Via Cernaia, 37/B • ☎ 06 446 9630 • www.trimani.com • Lun.-sam. 11h30-15h et 17h30-0h30 ; f. sam. matin de mi-juin à mi-sept.

TEATRO DELL'OPERA
Opéras/ballets ㊳ Plan D3

Le grand théâtre de Rome, où se déroulent régulièrement les opéras et les ballets les plus prestigieux. Tous les plus grands s'y sont produits : Maria Callas, Montserrat Caballé, Carreras, Domingo ou encore Rostropovitch, Toscanini, Von Karajan, etc. Situation idéale dans le quartier de l'Esquilino, à deux pas de la piazza della Repubblica.
Piazza B. Gigli, 1 • ☎ 06 481 601 (infos) • www.operaroma.it • Billetterie : lun.-sam. 10h-18h, dim. 9h-13h30 (☎ 06 4816 0255) • Tarifs et horaires selon la programmation • Achat de billets sur le site Internet : 12-150 €.

Spectacles gratuits

Vous souhaitez vous divertir sans dépenser un sou ? Rendez-vous dans les **églises** pour assister à des concerts de musique classique ou sacrée. Deux festivals, l'**Estate Romana** (p. 19), et le **Primo Maggio** (p. 18), proposent quelques concerts gratuits et accessibles à tous. En été, la **Casa del Cinema** (www.casadelcinema.it) vous accueille pour assister à des projections de films et de pièces de théâtre en plein air. Enfin, pensez à la manifestation **Lungo il Tevere Roma** (www.lungoiltevereroma.it) pour vous imprégner de la culture italienne (expos, films, rencontres avec des écrivains).

IL SISTINA
Ballets/spectacles (39) Plan D2

Un théâtre thématique bien connu des Romains car il n'abrite que des spectacles musicaux. Qu'il s'agisse de concerts de stars de musique pop à renommée internationale, de ballets ou de comédies musicales locales, c'est ici que ça se passe.
Via Sistina, 129 • ☎ 06 420 0711
• www.ilsistina.it
• Horaires variables selon la programmation ; f. en août
• Tarifs : à partir de 34 €.

La cité du Vatican (Quartier 12 - p. 92)

IL COVINO
Bar à vins (40) Plan A2

Venu des Pouilles avec des valises remplies de fromages, de crus gorgés de soleil et de recettes savoureuses, Daniele Covino, le propriétaire, régale sa clientèle d'un buffet d'*aperitivo* comme on n'en voit pas souvent à Rome. Vous pouvez bien sûr goûter au *cacciocavallo* (une sorte de fromage), *bombette* (des boulettes de viande... également au fromage !). Régulièrement, le bar, spécialisé en vins, propose des soirées de dégustation et d'initiation à l'œnologie.
Via Ostia, 21
• ☎ 06 39751 629
• T.l.j. 18h-0h30
• Verre de vin : à partir de 5 €
• Soirées dégustation : 25 € (4 verres + aperitivo).

Gregory's

FONCLEA
Bar/restaurant/ concerts (41) Plan B2

Ici, on mange, on boit et on danse dans la bonne humeur. Cela commence dès l'ouverture avec l'*happy hour* quotidien jusqu'à 20h30 (jusqu'à 2h sur la terrasse), puis la fête se poursuit avec des concerts de jazz, rock, pop, blues, salsa, etc. Il y en a pour tous les goûts !

Via Crescenzio, 82/a • ☎ 06 6896 302 • www.fonclea.it • T.l.j. 18h-2h • Boisson, assortiment de fritures et bouchées apéritives : 9 €.

Le Trastevere (Quartier 13 - p. 102)

TERRA SATIS
Bar (42) Plan C4

Sur une petite place du Trastevere comme on les aime tant, avec tonnelle de verdure et façades ocre, ce bar est le point de rendez-vous du quartier tout au long de la journée. On y vient pour un café à l'ombre ou pour son *aperitivo*. L'intérieur est à l'image de la terrasse : chaleureux, avec une multitude de petits coussins, et la possibilité de disputer une partie d'échecs. Une pause au calme idéale.

Piazza dei Ponziani, 1 • ☎ 06 9893 6909 • Lun.-dim. 7h-minuit • Buffet d'*aperitivo* : 18h-21h (10 € avec un verre).

LA PUNTA
Mexicain (43) Plan C4

Dès le menu en forme de passeport, ce bar nous transporte au Mexique, pays dont les gérants sont tombés amoureux. Ils en ont ramené des objets d'art et d'artisanat qui décorent les murs colorés des lieux. Parfait pour un cocktail au *mezcal* (10 €) en fin de soirée ou à l'*aperitivo* ! On peut aussi y dîner, si on a envie de changer de la cuisine italienne.

Via di Santa Cecilia di Trastevere, 8 • ☎ 06 5816 665 • http://lapunta expendiodeagave.com • Lun.-sam. 19h-2h • Bière : 7 €.

SAN CALISTO
Bar (44) Plan G10

C'est LE bar le plus populaire du Trastevere ! Une véritable institution, avec ses vieux posters de foot aux murs et son barman qui a vu grandir le quartier. La salle, toute petite, est doublée d'une vaste terrasse, souvent bondée. Pas de problème, la foule déborde joyeusement sur la place et dans les ruelles voisines. Dans la journée, elle fait place aux habitués et aux parties de cartes.

Piazza San Calisto, 3 • ☎ 06 583 5869 • Lun.-sam. 6h-2h • Bière (petite) : 1,50 € ; café : 0,80 € au comptoir.

Les meilleurs spots POUR CLUBBER

Rome aime aussi faire la fête et danser, en plein air, sous un passage, dans les clubs branchés ou dans ses salles alternatives. Cette sélection variée devrait vous permettre de trouver votre style ! En été, beaucoup de clubs ferment ou se déplacent en bord de mer ou dans les parcs, pour profiter d'un peu de fraîcheur.

GATSBY CAFÈ

Sous les arches de la piazza Vittorio Emanuele II, on danse le tango, la salsa ou le twist au son de musique *live*. Voir p. 168, **Monti.**

IL CIRCOLO DEGLI ILLUMINATI

Un club immense et sans chichis où danser jusqu'au petit matin dans le quartier jeune d'**Ostiense.** Voir p. 178.

LE MURA

Musique *live*, DJ... les concerts de cette adresse sont incontournables pour les amoureux de musique indie et alternative. Voir p. 169, **Monti.**

RASHOMON CLUB

Un club style « friche industrielle » pur jus, pour vibrer au rythme des beats électro. Voir p. 178, **Ostiense.**

Rashomon Club

ENOTECA FERRARA
Bar à vins ㊻ Plan G10

Voûtes et poutres, un décor charmant qui accueille les noctambules en goguette. Depuis 1988, Lina sélectionne et propose à ses clients les meilleurs vins italiens (à commander au verre ou à la bouteille). On peut les accompagner de délicieuses choses à grignoter.

Via del Moro, 1/A, piazza Trilussa, 41
• ☎ 06 5833 3920
• www.enotecaferrara.it
• T.l.j. 12h-16h et 18h-2h (service : 19h-23h30)
• Le verre : 7-20 €.

Freni & Frizioni

FRENI & FRIZIONI
Bar à cocktails ㊼ Plan G10

Installé dans un ancien garage dont le nom signifie « Freins et embrayages », ce bar branché du Trastevere est l'endroit parfait pour prendre un verre à l'heure de l'*aperitivo*. L'endroit attire les foules par sa décoration à la fois design et vintage, mais surtout par sa situation et son ambiance dès la nuit tombée.

Via del Politeama, 4-6
• ☎ 06 4549 7499
• www.freniefrizioni.com
• T.l.j. 18h30-2h ; buffet : 19h-22h
• Verre : 6-12 €.

BIG MAMA
Concerts/blues ㊽ Plan B4

Bienvenue dans le sanctuaire romain du blues ! Depuis 1984, Big Mama accueille en sous-sol des stars internationales et de jeunes artistes, alternant concerts de blues, de jazz, de rock, de funk, de world music et de musique d'auteur. C'est un rendez-vous incontournable des nuits romaines où l'on peut boire un verre ou dîner (réservez votre table par téléphone ou en ligne).

Vicolo di San Francesco a Ripa, 18
• ☎ 06 581 2551
• www.bigmama.it
• Mar.-dim. 21h-1h30 ; f. en été (mi-mai-mi-sept. sous réserve) ; concerts à 22h30
• Carte annuelle : 10 € ; cocktails : 8-12 €.

LETTERE CAFFÈ
Café littéraire/bar/concerts/slam ㊾ Plan C4

Le Lettere Caffè bar à vocation multiculturelle se niche au cœur du Trastevere. Concerts, débats, expositions, poésie, il y en a pour tous les goûts. Le lundi, c'est soirée *poetry slam*, le mercredi, on trinque au rythme de l'électro (à partir de 21h30), le vendredi et le samedi, c'est concerts et, enfin, le dimanche, soirée théâtre. Ce bar fait preuve d'une grande créativité : consultez la page facebook au préalable pour connaître la programmation exacte.
Via di San Francesco a Ripa, 100/101
• ☎ 340 004 4154
• T.l.j. 17h-2h (f. en août)
• *Aperitivo* végétarien : 19h-21h (6-8 €) ; concert et slam : 22h30.

NUOVO SACHER
Cinéma ㊿ Plan B4

C'est au cœur du Trastevere que le célèbre réalisateur de *Journal intime* et *La Chambre du fils*, Nanni Moretti, a choisi d'installer son cinéma, le Nuovo Sacher. Là, des projections de films d'art et d'essai - à ciel ouvert l'été - et des rencontres. Vous y trouverez également un agréable café où goûter la *torta Sacher*, hommage direct à l'un de ses films, et un joli jardin. Des projections en langue originale, avec sous-titres en italien, ont lieu plusieurs fois par semaine, les jours variant d'un film à l'autre.

Largo Ascianghi, 1
• ☎ 06 581 8116
• www.sacherfilm.eu
• T.l.j. à partir de 15h30.

MA CHE SIETE VENUTI A FÀ
Bar à bières 52 Plan G10

Cet étroit bar à bières boisé est un point de rendez-vous clé pour les Romains du quartier car il retransmet tous les matchs de foot. L'écran étant visible depuis la rue, il n'est pas rare de voir s'agglutiner les foules,verre à la main, devant l'entrée.La sélection de bières pressionest importante. Possibilité de goûter avant de faire son choix.
Via di Benedetta, 25
• ☎ 06 6456 2046 • T.l.j. 11h-2h
• Demi : env. 4 € ; pinte : 6 €.

TEATRO VASCELLO
Spectacles 53 Plan B5

Danse, musique, théâtre, spectacles pour enfants, le Teatro Vascello offre une programmation de qualité et variée. Le théâtre promeut depuis les années 1970 théâtre, danse, musique et art visuel. Rendez-vous sur le site Internet pour en connaître le détail.
Via Giacinto Carini, 78
• ☎ 06 588 1021
• www.teatrovascello.it
• Horaires des spectacles : lun.-sam. 21h ; dim. 18h ; spectacles pour enfants : sam. 17h et dim. 15h
• Billetterie : t.l.j. (horaires variables)
• Billet : 10-20 €

Testaccio, Ostiense et Garbatella (Quartier 15 - p. 114)

IL TRENTATRE
Bar (54) Plan C5

Bien connu des étudiants de l'université d'architecture toute proche, le Trentatre est célèbre pour ses *apericena*, un concept entre l'apéro et la *cena*, le dîner. Prenez un verre et remplissez votre assiette à volonté en piochant sur le buffet, gargantuesque. La soirée se prolonge ensuite en longues conversations, sur la terrasse ou dans les salles de briques.

Via di Monte Testaccio, 33
• ☎ 06 5755 142
• http://33testaccio.it
• T.l.j. 7h-2h • *Aperitivo* : 9 €.

IL CIRCOLO DEGLI ILLUMINATI
Club (55) Hors plan par C5

Au bout de la « rue des clubs » aux murs couverts de street art, le « cercle des illuminés » est une grande boîte de nuit très fréquentée. Son éclectisme fait son succès : plusieurs salles, un jardin où trouver un peu de calme pour discuter, et une sélection musicale large. Avec son ambiance cool et son dress code décontracté, il y en a pour tous les goûts !

Via Giuseppe Libetta, 1
• ☎ 328 3464266
www.circolodegliilluminati.it
• Lun.-sam. 23h-5h (oct.-mai : ven.-sam. uniquement)
• Entrée payante selon le thème de la soirée (voir le site) : 5-10 €.

LA LATTERIA
Bar à cocktails
(56) Hors plan par C5

Il faut s'aventurer dans le réseau de ruelles du beau quartier de Garbatella pour dénicher la terrasse fleurie de la Latteria. Quelques tables sont réservées à la restauration, mais le clou du menu, ce sont les cocktails. Originaux et frais, servis dans une belle vaisselle à l'ancienne, ils accompagneront un *aperitivo* plutôt minimaliste et gastro.

Piazza Geremia Bonomelli, 9
• ☎ 06 5123 913 • http://latteriagarbatella.com
• Mar.-sam. 18h-2h, dim. 18h-minuit
• Cocktails : 10 € + 5 € pour l'*aperitivo*.

RASHOMON CLUB
Club (57) Hors plan par C5

Décor sombre, minimaliste et postindustriel façon club berlinois. Musique underground où DJ italiens et étrangers enflamment le dancefloor à renfort de beats électro, de new wave et d'indie rock. Une référence en la matière qui programme également des concerts de musique alternative, des performances et des expositions d'art.

Via degli Argonauti, 16
• M° Garbatella

• ☎ 39 1730 7386
• www.rashomonclub.com
• Mer.-jeu. : 22h-4h,
ven.-sam. : 23h-8h
• Cocktails : 10 € ; verre de vin : 5 €.

BE BOP JAZZ CLUB
Club/jazz, blues et rock ㊳ Plan C5

Situé à deux pas du métro Piramide et de la via Ostiense, ce petit club associatif installé dans une grande cave un rien humide propose des concerts de jazz, blues ou rock de la scène locale. Une bonne façon de découvrir des groupes romains de tous les styles musicaux.

Via Giuletti, 14
• ☎ 06 575 5582 ou ☎ 345 717 9871
• www.bebopjazzclub.net
• Mar.-sam. : 21h-2h (dîner : 20h45, début des concerts : 22h, résa conseillée)
• Carte annuelle de membre (15 €) ou carte pour un soir (10 €).

GOA CLUB
Club ㊴ Hors plan par C5

Ce disco-bar, très à la mode dans la capitale, est incontournable pour les amoureux de la nuit... On peut y boire un verre ou bien danser. Programmation de musique underground, house et électro selon les soirées. Des DJ superstars s'y produisent.

Via Giuseppe Libetta, 13
• M° Garbatella • ☎ 06 574 8277
• www.goaclub.com
• Jeu.-sam. 23h-5h ; f. en juin et sept. • Entrée : 10-25 € selon la programmation ; cocktails : 10 €.

Pigneto, LE QUARTIER BOHÈME

L'enclave festive, artistique et joyeuse du Pigneto a la préférence des Romains qui cherchent une ambiance plus authentique et des prix plus abordables. Situé à l'est de la ville, on y arrive facilement en métro ou en tram. Repaire d'artistes, les rues ressemblent à celles d'un village, égayées ici et là de fresques street art.

TUBA BAZAR
Bar/librairie (61) Plan F4

Si ce bar est installé dans une librairie, ce n'est pas pour autant que l'atmosphère y est sérieuse... au contraire ! On y vient pour boire un verre et rire entre amis au milieu des bouquins féministes. De temps en temps, l'espace accueille DJ sets ou petits concerts.

Via del Pigneto, 39/a • ☎ 06 7039 9437 • www.libreriatuba.it • Mar.-sam. 8h-2h, dim. 17h-2h • Bières : 3-6 € ; cocktails : 5-8 €.

ROSTI
Bar à cocktails
(62) Hors plan par F4

Avec 700 m² de jardin, ce lieu pluriel est une oasis au milieu du quartier. Les herbes aromatiques qui y poussent viendront garnir l'*insalata caprese* comme le mojito. Rosti est un lieu pour tous et pour toutes les heures. Si, en journée, c'est plutôt familial, le soir, beaucoup de Romains viennent y prendre l'*aperitivo* avant de partir faire la fête. Les lieux restent ouverts jusqu'à 2h du matin pour satisfaire toutes les envies de cocktails, sirotés en prolongeant la discussion. Pour rencontrer du monde, asseyez-vous aux *tavoli sociali*, de grandes tablées partagées.

Via Bartolomeo d'Alviano, 65 • ☎ 06 275 2608 • www.rostialpigneto.it • Lun.-ven. 17h-1h, sam.-dim. 11h30-1h • Plats midi : 7-13 € ; soir : 8-16 € ; *aperitivo* : 8 € (buffet et boissons) • Brunch sam.-dim. 12h30-16h : 20 €.

NECCI DAL 1924
Bar ⑥③ Hors plan par F4

Sur les murs, un portrait de Pier Paolo Pasolini. Le cinéaste avait ses habitudes au Necci dans les années 1950 – il y a même tourné une partie de son film *Accatone*. Aujourd'hui, ce bistrot à la fois rétro et branché créé en 1924, d'où s'échappent de vieux tubes américains des sixties, est l'un des bars les plus courus du quartier. Aux beaux jours, la terrasse fleurie de lauriers et de jasmins est un bonheur.

Via Fanfulla da Lodi, 68 • ☎ 06 9760 1552 • www.necci1924.com • T.l.j. 8h-1h • Menu midi : 9-22 € ; soir : 15-30 €.

Necci dal 1924

FANFULLA 5/A - CIRCOLO ARCI
Bar à cocktails/ concerts ⑥④ Hors plan par F4

Plus qu'un bar, le Fanfulla est un lieu alternatif qui reflète l'âme du quartier. Concerts déjantés, projection de courts-métrages d'art et d'essai, performances, soirées dansantes, tout est fait pour vous surprendre, vous divertir et pourquoi pas... vous cultiver.

Via Fanfulla da Lodi, 5/a • www.fanfulla5a.it • T.l.j. 22h-3h • Cocktails : 5-8 € ; pas de CB ; pas nécessaire d'être membre si on peut prouver qu'on habite à l'étranger.

Boutiques

PAR QUARTIER

Les coups de cœur DE NOTRE AUTEUR

Lucie a arpenté la ville pour dénicher de petites adresses cachées et des boutiques originales. Entre mode, accessoires, livres et gourmandises, voici ses adresses préférées.

BE C

L'apogée des accessoires au féminin ! Mode, sacs, bijoux, ceintures, tout est beau et donne envie d'être porté. Voir p. 192.

C.U.C.I.N.A.

Je sais que j'y trouverai toujours le gadget utile et malin qui manque dans ma cuisine. Parfait aussi pour faire de petits cadeaux. Voir p. 201.

BE C

CASTRONI

Mon point de référence pour revenir les valises chargées de produits locaux délicieusement gourmands. Voir p. 206.

MERCATO DI PORTA PORTESE

Parce que son ambiance est très romaine, j'aime le marché de porta Portese et ses immenses allées où chiner de jolies trouvailles. Voir p. 207.

LA LIBRERIA DEL VIAGGIATORE

Un lieu formidable pour se donner encore plus d'envies de voyages et repartir, pourquoi pas ? avec un beau livre de photos sur Rome. Voir p. 191.

À SAVOIR

QUE RAPPORTER ?

À Monti, le long de la via del Governo Vecchio ou à Campo de' Fiori, on trouve des pièces uniques dans les **boutiques de créateurs.** Côté **maroquinerie,** vous pourrez faire de belles affaires ! Pour les **produits du terroir,** notre préférence va aux boutiques gastronomiques disséminées partout en ville (voir notre top p. 205). Enfin, chiner sur les **marchés,** aux puces ou alimentaires, est souvent l'occasion d'allier plaisir de la balade et shopping local, à Campo de' Fiori, au Testaccio ou à porta Portese. Attention : les produits de « grandes marques » proposés à bas prix par des vendeurs à la sauvette ou sur les marchés sont en réalité des contrefaçons. Ne les achetez pas, vous risqueriez une forte amende à l'aéroport.

HORAIRES D'OUVERTURE

Les horaires d'ouverture des **magasins** sont très variables. De plus en plus de boutiques sont ouvertes en continu de 10h à 20h (ou 19h), alors que d'autres ferment à l'heure du déjeuner (entre 14h et 15h30). La plupart sont ouvertes le dimanche et certaines d'entre elles sont fermées le lundi. **Les marchés alimentaires** sont généralement ouverts du lundi au samedi de 7h à 13h, le dimanche aussi pour celui de porta Portese et du Borghetto Flaminio. **En août, la ville tourne au ralenti et beaucoup de commerçants en profitent pour prendre des congés.**

PAYER SES ACHATS

Les **cartes de paiement** sont acceptées partout. Prévoyez tout de même des **espèces** pour les marchés et les petites dépenses. Si vous faites des achats de grande valeur, le commerçant vous donnera un reçu *(ricevuta fiscale)* qui vous sera utile en cas de revente ou si vous êtes victime d'un cambriolage. Si vous achetez une œuvre d'art, vous pouvez exiger un certificat d'authenticité. On ne marchande qu'aux puces ou chez les brocanteurs : on peut alors espérer un rabais de 20 à 30 %, mais après une âpre négociation.

SE REPÉRER

**Chaque adresse de boutique est associée à une pastille rouge numérotée.
Vous retrouverez toutes les adresses positionnées sur le plan détachable.**

Boutiques PAR QUARTIER

Le Panthéon (Quartier 3 - p. 38)

ALESSANDRA GIANNETTI
Mode femme ① Plan H8

La créatrice Alessandra Giannetti taille ses vêtements dans des tissus italiens comme ceux venus tout droit de Toscane. Les lignes pures et intemporelles inspirées du Japon, les coupes amples et confortables et les plissés élégants sont le fil rouge de ses collections qui se renouvellent chaque saison avec quelques originalités à signaler, comme cette jupe qui se transforme par un jeu de drapés en deux robes différentes (250-295 €).

Piazza Capranica, 94 • ☎ 06 6819 2659 • www.alessandragiannetti.com • Lun.-dim. 10h30-14h et 15h-19h30 ; f. 1 sem. en août et les dim. en juil.-août.

Cartoleria Pantheon

CARTOLERIA PANTHEON
Papeterie/ maroquinerie ② Plan H8

La maison est spécialisée depuis 1910 dans la fabrication de papier marbré et de superbes carnets en cuir au parfum médiéval. De toutes les couleurs et dans tous les formats : carnets de voyage, albums photo, carnets d'adresses, agendas, journaux intimes mais aussi sacs, cartables, papiers à lettres, crayons (à partir de 2 €), sceaux, plumes et encriers appellent à l'aventure du voyage et de l'écriture !

Via della Maddalena, 41 • ☎ 06 679 5633 • www.cartoleriapantheon.it • Mars-oct. : lun.-sam. 10h30-20h, dim. 13h-20h ; nov.-fév. : lun.-sam. 10h-19h, dim. 12h-19h.

THE ART OF SOUVENIR
Souvenirs/reproductions archéologiques ③ Plan H9

Cette minuscule boutique située face au Panthéon se distingue des traditionnels magasins de souvenirs en proposant diverses reproductions archéologiques : céramiques étrusques, bronzes de casques romains ou marbres gravés de célèbres locutions

latines comme « Carpe Diem » ou « In Vino Veritas ». Ces dernières sont déclinées en carrés de marbre de 10 x 15 cm, 10 x 20 cm ou 15 x 30 cm, en magnets et en cubes de 4 cm, et en dés de 3 cm. Une façon originale de rapporter un souvenir tout en faisant passer un message (de 3 à 19 €).
Piazza della Rotonda, 69a • ☎ 06 6819 2514 • T.l.j. 10h30-19h30.

SPAZIOESPANSO
Mode femme ④ Plan I8

Cette boutique claire et intimiste distille une mode ultra-féminine (100 à 800 €) aux matières légères et aux couleurs fraîches à travers les marques Siyu, Tsumori Chisato, Forte Forte. On pourra aussi y faire une moisson de bijoux, accessoires, sacs et foulards dans un esprit bobo chic.
Via dei Bergamaschi, 59 (autre adresse : piazza della Pigna, 7) • ☎ 06 9784 2793 • Lun. 14h-20h, mar.-sam. 10h-20h, dim. 14h30-19h30.

BARTOLUCCI
Jouets ⑤ Plan I8

Ici, vous trouverez des objets en bois par milliers à mi-chemin entre le tradi et le kitsch. Depuis des années, la famille Bartolucci fabrique et vend des jouets et des produits de décoration pour la chambre des enfants.
Au programme : des Pinocchio articulés (de 6 à 730 €), des toupies, des toises, des Yo-Yo, des lettres aimantées, des cadres de photos, des ronds de serviettes en forme d'animaux (5 €), etc.
Un endroit tout indiqué pour rapporter un souvenir.
Via dei Pastini, 96/98 • ☎ 06 6919 0894 • www.bartolucci.com • T.l.j. 10h-22h30.

WEBAG
Maroquinerie ⑦ Plan H9

Osez pousser la porte de cette boutique-atelier de cuir afin de découvrir les créations originales de la maîtresse des lieux. Sacs à main, sacs de voyage (à partir de 180 €), portefeuilles, trousses à crayons, sacs en bandoulières, sacs à dos pour enfants (à partir de 70 €)... des dizaines de modèles qui mixent les couleurs et les matières (les cuirs souples sont extraordinairement doux et légers !). Si vous ne trouvez pas votre bonheur, il est possible de faire réaliser votre propre sac qui sera conçu sur place en 2 jours (4 j. maximum s'il nécessite une commande de matériau).
Vicolo delle Ceste, 29 • ☎ 32 8432 2455 • www.facebook.com/BorseWeBag • Lun.-sam. 9h30-19h.

MERCATO DELLE STAMPE
Gravures/estampes/ livres anciens ⑧ Plan H8

Faites la tournée des kiosques de ce petit marché permanent, face au palazzo Borghese. Vous y dénicherez peut-être une gravure de Piranèse à un prix raisonnable. On y trouve également des estampes, des revues et des

livres anciens d'une qualité bien supérieure à ceux du marché qui se trouve près de la gare.
Piazza Borghese • Lun.-dim. 10h-19h ; f. en août (horaires variables).

ECLECTICA
Déco rétro/magie ⑨ Plan H8

Spécialisée depuis trente ans dans les objets et accessoires militaires, la maison a étendu son stock aux curiosités et objets de collection : enseignes publicitaires, boîtes à biscuits, jouets (poupées, chevaux à bascule, voitures en fer, etc.), céramiques kitsch (chien, nains de jardin, etc.). À partir de 35 €. Au fond de la boutique se trouve aussi le plus ancien magasin de magie d'Europe.
Via in Aquiro, 70 • ☎ 06 678 4228 • www.eclecticamagic.com • Lun. 16h30-19h30, mar.-sam. 10h30-19h30.

GALLERIA ALBERTO SORDI
Galerie marchande ⑩ Plan I8

Cette prestigieuse galerie datant de 1922 abrite quelques boutiques de prêt-à-porter, dont le spécialiste de la cravate Damiano Presta (de 79 à 150 €), et la Feltrinelli (livres, musique et DVD). En son centre, deux cafés vous permettent de faire une pause dans l'un des plus beaux intérieurs de la ville.
Piazza Colonna, via del Corso • ☎ 06 6919 0769 • www.galleriaalbertosordi.it • Lun.-ven. 8h30-21h, sam. 8h30-22h, dim. 9h30-21h.

WeBag

CAMPO MARZIO
Papeterie/ maroquinerie ⑪ Plan H8

Une minuscule boutique vouée au culte de l'écriture : des stylos et des plumes en tout genre (15 à 90 €), des modèles exclusifs produits par le laboratoire artisanal du magasin. De magnifiques plumes d'époque et les accessoires qui vont avec. Également un grand choix de cahiers, agendas et carnets d'adresses en cuir ou en daim dans une gamme de coloris très variés.
Via di Campo Marzio, 41 • ☎ 06 6880 7877 • www.campomarzio.it • T.l.j. 11h-19h.

Galleria Alberto Sordi, p. 187

La piazza Navona (Quartier 4 - p. 44)

ARLETTE
Mode femme ⑫ Plan G9

Les femmes d'âge mûr adeptes des tenues baba chic y trouveront leur bonheur. La marque italienne La Bottega di Brunella décline, dans le lin et de très jolis coloris, pantalons larges, tuniques et jupes longues au froissé du meilleur effet, ainsi que des mailles *made in* Rome en hiver. La boutique propose aussi des accessoires Industrial Jewelry, les vêtements Crea Grizas ainsi que sa propre marque sous le nom d'Arletty. Comptez environ 150 € pour une veste en lin d'été ou pour une tunique.

Via del Governo Vecchio, 49
- ☎ 06 6880 6837
- www.arletty.it
- Lun.-sam. 11h30-14h et 15h-19h, dim. sur r.-v. ; f. la seconde quinzaine d'août.

KOLBY
Mode homme ⑭ Plan G9

Cette boutique pour hommes élégants et contemporains dessine les contours d'une mode sobre et moderne, bien mise en valeur par le décor industriel de bois et d'acier, à la new-yorkaise. Coton, lin, maille ont la part belle dans les rayons. Outre la collection propre à la boutique, vous trouverez une sélection multimarque intéressante (Kolby, Scotch and Soda, Campomaggi, Moma, Briglia, etc.). Le rapport qualité/prix est bon : vous trouverez de jolies chemises à partir de 79 €, des pantalons à partir de 130 € et des vestes à partir de 230 €.

Via del Governo Vecchio, 63/64/65
- ☎ 06 6880 3732
- www.kolby.it
- Lun.-sam. 9h30-20h, dim. 11h-20h.

AL SOGNO
Jouets ⑮ Plan H8

C'est le magasin de jouets le plus incroyable de Rome. La maison s'est fait une spécialité : les peluches (de 9 à 5 000 € !). Il y en a pour tous les goûts et tous les prix, de toutes les tailles. On trouve aussi les personnages italiens de légende qui peuplent le monde de l'enfance : Pinocchio ou la Befana.

Piazza Navona, 53 • ☎ 06 686 4198 • www.alsogno.com • T.l.j. 10h-20h (22h en été et le sam. en hiver).

TRONCARELLI
Chapeaux ⑯ Plan H9

Au bout de la piazza Navona, cette petite boutique fondée en 1857 et tenue avec charme et gentillesse est un véritable grenier à chapeaux. On y trouve toutes les formes et tous les styles pour des prix allant de 49 à 400 €. Et si sortir coiffé d'un véritable Borsalino ne vous suffit pas, vous pourrez encore vous offrir un parapluie, un foulard ou une cravate.

Via della Cuccagna, 15 • ☎ 06 687 9320 • www.cappellitroncarelli.it • Lun. 15h-19h30, mar.-ven. 10h-13h30 et 15h-19h30, dim. 11h-18h.

MARTA RAY
Chaussures/ maroquinerie ⑰ Plan G8

Mannequin polonais aujourd'hui installé à Rome, Marta crée des sacs souples et fashion mais surtout une collection

Kolby

de chaussures, ballerines et sandales aussi confortables que des chaussons !
Les ballerines (la star de la boutique) sont déclinées en de nombreuses couleurs et diverses impressions : aspect fourrure ou cuir ajouré, c'est une question de goût !
Vous pouvez trouver des ballerines à partir de 89 € et des sacs de voyage à partir de 300 €.
Deux autres boutiques, l'une dans le Trastevere (via del Moro, 6) et l'autre dans le quartier du Ghetto (via della Reginella, 4), sont ouvertes aux mêmes horaires.
Via dei Coronari, 121/122
• ☎ 06 6880 2641
• www.martaray.it
• Lun.-sam. 11h-19h.

Marta Ray

BRUSCHINI TANCA ANTICHITÀ
Antiquaire ⑱ **Plan G8**

« Liberty » est le nom donné à l'Art nouveau italien. Vous êtes chez le seul antiquaire de Rome spécialisé dans ce style né à la fin du XIXᵉ s. qui repose sur l'utilisation des lignes courbes et une ornementation inspirée de la nature. Signés Tiffany, Majorelle, Gallé, Lalique ou pour les Italiens Basile-Ducrot ou Valabrega, des meubles, des vitraux de portes et de fenêtres ainsi que des accessoires pour la maison : lampes, vases, bustes, services à thé, chandeliers, miroirs, bijoux, plateaux marquetés, tableaux... à des prix qui donnent parfois le vertige (mais à partir de 60 €).
Via dei Coronari, 8 • Lun.-sam. 10h-13h et 15h-19h30 ; dim. : sur r.-v.

RUGGERI
Épicerie ⑲ **Plan G8**

Fusilli rigati, rigatoni, risotti, les amateurs de pâtes et de riz ne sauront plus où donner de la tête ! 2,50-6,50 € les paquets de 500 g. Cette épicerie bien connue des Romains propose aussi une sélection de fromages (*pecorino romano* à 25 €/kg) et de charcuterie et, côté douceurs, des *crostata* à la confiture de fruits rouges ou d'abricots. Le tout à prix plus sages qu'ailleurs.
Via della Pace, 29/31 • ☎ 06 6880 6014 • Lun.-sam. 8h-20h15.

ABITI USATI
Fripes ⑳ Plan G9

Voilà le roi de la récup'. Des montagnes de fripes de tous les âges et de toutes les provenances vous laissent espérer, si vous avez de la persévérance et du temps, pouvoir trouver la perle rare.

Via del Governo Vecchio, 35 • ☎ 06 6830 7105 • Lun.-sam. 10h-20h, dim. 14h-20h.

ALTROQUANDO
Livres ㉑ Plan G9

« Nous sommes très ouverts », annonce la vitrine de cette librairie phare du centre historique. Une sélection de livres aux couvertures graphiques très attrayantes, dédiés aussi bien au cinéma ou à la cuisine qu'à la jeunesse. La librairie cache aussi un pub en sous-sol, où se déroulent des concerts les vendredis et samedis.

Via del Governo Vecchio, 82 • ☎ 06 6889 2200 • www.altroquando.com • T.l.j. 10h30-1h (ven.-sam. 2h) ; pub : t.l.j. dès 18h.

Campo de' Fiori (Quartier 5 - p. 54)

LA LIBRERIA DEL VIAGGIATORE
Livres/cartes ㉒ Plan G9

C'est le paradis des fans de mappemondes et d'atlas. Récits de voyages (en italien), beaux-livres, photographies du bout du monde, toute la boutique est dédiée à l'évasion. En été, des concerts de musique du monde sont parfois organisés sur le toit-terrasse de la librairie, entre mosaïques marocaines et bambous.

Via del Pellegrino, 165 • ☎ 06 8350 3490 • Lun.-sam. 10h30-19h30.

IBIZ - ARTIGIANATO IN CUOIO
Maroquinerie/chaussures ㉓ Plan H9

Loin de l'effervescence du Campo de' Fiori, la via dei Chiavari est parsemée de plusieurs boutiques artisanales, dont Ibiz et ses ravissants articles de cuir. Tout est fabriqué sur place dans l'atelier attenant (on peut voir les artisans au travail depuis la rue). Sacs (à partir de 50 €), porte-monnaie, ceintures ou porte-clés (10 €)... des articles originaux et colorés à un excellent rapport qualité/prix.

Correspondance des tailles de vêtements

En Italie, il faut ajouter deux tailles par rapport aux tailles françaises.

France : 36, 38, 40, 42, 44 ; Italie : 40, 42, 44, 46, 48

Via dei Chiavari, 39
• ☎ 06 6830 7297 • www.ibizroma.it
• Lun.-sam. 10h-19h30.

BE C
Mode femme ㉔ Plan H9

Si l'on devait définir cette boutique par un seul mot, ce serait le raffinement. Qu'il s'agisse des vêtements ou des accessoires, tous les modèles présentés sont empreints d'élégance, de féminité et de délicatesse. Attardez-vous sur les collections de sacs à main et de bijoux, elles valent largement le coup d'œil ! Un grand bravo aussi à l'agencement de la boutique qui met en valeur tout ce qu'elle propose.
Piazza Benedetto Cairoli, 11
• ☎ 06 688 06 035 • www.becstore.com • T.l.j. 10h30-20h.

RACHELE HANDMADE KIDSWEAR
Mode enfant ㉕ Plan G9

Installée dans une ruelle donnant sur la charmante via del Pellegrino, cette petite boutique propose une ravissante et originale collection de vêtements faits maison pour les enfants ! Des vestes à capuche multicolores, de magnifiques petites robes en velours côtelé (env. 50 €) ou des chaussons faits au crochet (18 €) ; une quantité de modèles qui valent bien un petit détour.
Vicolo del Bollo, 7 • ☎ 329 648 1004
• www.facebook.com/racheleart
• Mar.-sam. 11h-14h30 et 15h30-19h30.

PICTA
Artisan céramiste ㉖ Plan G9

Marina Graziani décore à la main assiettes, tasses, vases, plats et services à thé afin de les transformer en œuvres d'art. Tels de véritables tableaux, ils représentent tantôt des paysages, où le pin parasol trône en maître, tantôt des scènes de vie (triptyque de linge qui sèche sur un fil), ou bien jouent la carte du graphisme avec élégance et sobriété. Les créations changent souvent, mais il faut compter environ 20 € pour une tasse à

Be C

café et 25 € pour une tasse à thé. Marina peut également réaliser des peintures sur commande.

Via dei Cappellari, 11
• ☎ 06 683 00 248
• www.pictaporcellane.com
• Mar.-sam. 10h-19h30.

ELISHEVA
Chaussures ㉗ **Plan G9**

Le paradis de la pompe à Rome, c'est ici et nulle part ailleurs. La boutique a beau être minuscule et ouverte depuis plus de 10 ans, elle continue d'être prise d'assaut matin, midi et soir par les élégantes de la capitale italienne. La raison de ce succès ? Des modèles dignes des pages mode des magazines à des prix défiant toute concurrence. Surtout pour du *made in Italy* ! La qualité du cuir, l'élégance et le confort des modèles sont indiscutables ! Au programme : beaucoup de talons et de chaussures sexy mais aussi des boots et des baskets funky. On a en outre la possibilité de personnaliser ses chaussures et de choisir formes et couleurs. Prix : 50 € les ballerines, 115 € les mocasins et 175 € les boots.

Via dei Baullari, 19
• ☎ 06 687 1747
• Dim.-ven 9h-20h.

SOTTO L'ARCO
Bijoux ㉘ **Plan G9**

L'argent est à la fête dans cette petite échoppe qui déploie ses gourmettes, longs sautoirs,

Picta

joncs fins ou bracelets plus larges façon ethnique chic. Plusieurs créations mêlent aussi argent et pierres, améthyste, tourmaline ou aigue-marine. Boucles d'oreilles en argent et onyx à 215 € ; bagues en argent et améthyste à 235 €.

Via del Pellegrino, 131
• ☎ 06 6880 4908
• Lun.-sam. 10h30-19h30.

PAS VU
Maroquinerie ㉙ **Plan G9**

Après de longues années passées comme styliste pour l'industrie de la mode, Patrizia a créé sa propre marque. Des pièces déclinées en cuir de vache ou de chèvre de Toscane, souvent en éditions limitées, dans des rouges, argentés, noirs ou gris superbes. On trouve son bonheur à partir de 49 € pour un petit sac d'épaule ; le Hobo bag, lui, est à 290 €. Également un joli choix de bijoux en cuir.

Via del Pellegrino, 132
• ☎ 06 6880 2840
• www.pasvuhandsbag.com
• Lun. 15h30-19h30, mar.-sam. 11h-19h30.

Les artisans
À NE PAS MANQUER

Rome compte beaucoup d'artisans et de créateurs répartis au sein de ses différents quartiers. Voici quatre adresses qui méritent plus qu'un simple coup d'œil.

IBIZ - ARTIGIANATO IN CUOIO

Fabrication sur place de sacs, sandales, ceintures et porte-feuilles. Des articles originaux d'un excellent rapport qualité/prix. Voir p. 191, **Campo de' Fiori.**

PICTA

Céramiques et porcelaines peintes à la main avec humour et poésie. Ces créations sont de véritbales œuvres d'art. Voir p. 192, **Campo de' Fiori.**

IL MARMORARO

Pièces de marbre sculptées de poèmes et de messages selon la tradition ancestrale. Voir p. 201, **Piazza di Spagna**

Ibiz - Artigianato in Cuoio

MERCATO DI CAMPO DE' FIORI
Marché **30 Plan G9**

C'est sans doute l'un des marchés les plus fréquentés de la ville. On y vend des fruits et légumes, des épices, du fromage, des pâtes fraîches, mais aussi des vêtements, des chaussures, des sacs et tout un tas d'ustensiles de cuisine bon marché. Le mercato di Campo de' Fiori est l'endroit idéal pour acheter des râpes à fromage ou des cafetières italiennes à un prix plus que raisonnable. Si ce spectacle et ces odeurs vous ont mis l'eau à la bouche, rendez-vous à la boulangerie Il Fornaio (via dei Baullari, 5 - H9 ; t.l.j. 7h-22h) pour y savourer des *ciambelline*, des petits biscuits secs parfumés au chocolat, à l'anis ou aux raisins secs.

Piazza Campo de' Fiori

• Lun.-sam. 7h-14h.

ANTICA NORCINERIA VIOLA
Charcuterie ㉛ Plan G9

Cette charcuterie tout en longueur propose des mini-saucisses au fenouil (40 €/kg) ou encore un *salame* (saucisson) à la truffe noire de Norcia (50 €/kg) ou *al Barolo* (vin rouge, 50 €/kg)… Plusieurs produits sont sous vide, ce qui est bien pratique si vous souhaitez en rapporter. Vous pouvez aussi fourrer ces délicieuses charcuteries dans un morceau de *pizza bianca* (une fougasse salée et croustillante) du *fornaio* (boulanger) d'à côté, au n° 15. Pour un repas rapide, leur *pizza rossa* (à la tomate) est idéale et leur pain, légendaire.

Piazza Campo de' Fiori, 43
• ☎ 06 6880 6114
• Lun.-sam. 8h-20h, dim. 10h-18h.

HOLLYWOOD
Films/affiches de cinéma ㉜ Plan G9

Une boutique qui ravira les amoureux du septième art ! Vous y dénicherez des vidéos jusqu'ici introuvables, des affiches *(locandine)* de vieux films de l'époque glorieuse du cinéma italien (entre les années 1960 et les années 1980, et bien d'autres souvenirs encore (de 5 à 200 €).

Via Monserrato, 107
• ☎ 06 686 9197
• www.hollywood-video.it
• Lun.-sam. 11h-19h30.

NARDECCHIA
Gravures/ aquarelles ㉝ Plan G9

Si vous aimez les aquarelles pittoresques du Vésuve en éruption ou les paysages romantiques de ruines que Labruzzi (1748-1817) faisait pour les voyageurs qui suivaient le « Grand Tour », vous trouverez votre bonheur chez ce spécialiste. Très belle sélection de gravures anciennes du XVIe au XIXe s., sur lesquelles reconnaître des vues de la Ville Éternelle et du Forum avant qu'il ne soit dégagé. Également, des scènes pittoresques de la vie romaine au XIXe s. peintes par Pinelli.

Via di Monserrato, 106 • ☎ 06 686 9318
• Lun. 16h-19h, mar.-sam. 10h30-13h et 16h-19h ; f. sam. ap.-m. en été.

Pas Vu p. 193

Le Ghetto (Quartier 6 - p. 58)

PEPERITA
Épicerie ㉞ Plan H10

Cap sur cette boutique de spécialités toscanes où faire le plein de produits raffinés. Huile piquante (curcuma, olives, *peperoncino* et poivre : 13,40 € les 25 cl ; ail et *peperoncino* ; 9,90 € les 25 cl ; coffret 3 saveurs : 29,70 €) et autres régals en perspective : des tapenades ou olives, et pas moins de 16 sortes de piments secs et en crème.

Via Reginella, 30 • ☎ 392 413 2158 • T.l.j. 10h30-20h.

STAY.
Linge de maison ㉟ Plan H9

Stay. est une boutique minimaliste dont les murs sont quadrillés d'étagères métalliques remplies de linge de maison savamment plié et ficelé. Les tissus présentés ont été conçus avec des fils 100 % naturels (lin, coton, laine et soie) produits en Italie. Les coloris sont séduisants, le toucher est voluptueux et il n'est pas nécessaire de sortir son fer à repasser après lavage. Idéal ! Comptez environ 100 € pour des draps en lin pour 2 personnes.

Via dei Falegnami, 63 • ☎ 334 225 9695 • www.staystore.it • Lun.-sam. 10h-19h15.

BRACCI CAMICERIA
Mode homme ㊱ Plan H10

Dans ce petit atelier du quartier du Ghetto, on peut se faire confectionner une chemise sur mesure à partir de 58 €

Peperita

seulement. On choisit sa coupe, son col, son tissu et on revient chercher sa chemise 15 jours plus tard – expédition possible. Mais les imprimés sont des plus classiques (toute une nuance de bleus, carreaux ou fines rayures) : les excentriques et les fantaisistes passeront donc leur chemin !

Via dei Funari, 18 • ☎ 06 6867 768 • http://camiceriabracciroma.it • Lun.-sam. 10h-14h et 15h30-19h30.

Mercato Borghetto Flaminio

IL MUSEO DEL LOUVRE – IMDL

Photographies ㊲ **Plan H10**

Cette galerie est spécialisée dans la photo trouvée et la photo d'auteur. Les photos d'anonymes (à partir de 10 €) nous plongent dans le quotidien et la vie des familles italiennes de 1900 à 1960. Parmi les œuvres des grands photographes italiens et internationaux (Ugo Mulas, Mario Dondero, Tazio Secchiaroli, Francesca Woodman) se distinguent des portraits de Pasolini ou Sophia Loren ainsi que des photos de paparazzi volées pendant le tournage de *La Dolce Vita*.

Via della Reginella, 8/A • ☎ 06 6880 7725 • www.ilmuseodellouvre.com • Lun.-sam. 11h-14h et 15h-19h.

La piazza di Spagna et le Tridente (Quartier 7 – p. 64)

MERCATO BORGHETTO FLAMINIO

Marché ㊳ **Plan C1**

C'est le marché vintage le plus cool de Rome, car on y fait des trouvailles incroyables. Robes de créateurs à la coupe impeccable, chaussures en cuir à petits prix, sacs à main, trenchs indémodables, il y a de tout sur ce marché, jusqu'aux bodys rétro ! Beaucoup d'articles de mode féminine mais également des stands pour homme où dénicher l'essence de l'élégance à l'italienne.

Piazza della Marina, 32 • ☎ 06 5880 517 • Dim. 10h-19h ; f. de mi-juillet à fin août • Entrée : 1,60 €.

PRADA

Luxe ㊴ **Plan I7**

Le temple de la mode, le nec plus ultra du chic... Prada, bien sûr !

Les soldes

Presque six mois par an, **de mi-juillet à mi-septembre et de Noël à mars**, c'est la période des soldes (*saldi*). En réalité, il ne s'agit que de rabais de 15 à 20 % sur certains articles. Cette remise peut atteindre 50 % du prix normal, le plus souvent sur des créations de stylistes qui restent assez chères. Quant aux *vendite promozionali* (promotions) et *sconti* (rabais), qui s'affichent en énormes caractères sur certaines devantures, ce ne sont en général que des artifices pour faire entrer le chaland dans une boutique dont la vitrine est entièrement masquée. Vous pouvez y jeter un coup d'œil mais il y a vraiment peu de chance que vous fassiez l'affaire du siècle.

Entrez, ne serait-ce que pour l'ambiance : un décor minimaliste et des Japonaises en extase devant les magnifiques sacs et chaussures (qui comptent parmi les plus copiés) et les vêtements à la coupe impeccable.

Via dei Condotti, 92/95
• ☎ 06 679 0897
• www.prada.com
• T.l.j. 11h-19h30.

ALBERTA FERRETTI
Luxe (40) Plan I7

Des jupes et des chemisiers ultra-féminins pour le jour, et des robes aux coloris pointus, en fonction de la mode pour le soir : touche glamour et chic assurée. Les tissus sont recherchés et originaux et les coupes parfaites. Difficile de ne pas craquer !

Via dei Condotti, 34
• ☎ 06 699 1160
• www.albertaferretti.com
• T.l.j. 10h-19h.

GENTE ROMA
Mode femme (41) Plan I7

Vous trouverez cette enseigne un peu partout en Italie. Volontairement tendance, la boutique propose les créations (190 à 5 000 €) de quelques jeunes stylistes. Décor Nouvelle Vague où se bousculent les jeunes Romaines branchées et pas trop démunies.

Via del Babuino, 81 • ☎ 06 323 0582 et via del Babuino, 77 • ☎ 06 320 7671 • www.genteroma.com • Lun.-sam. 10h30-13h30 et 14h30-19h30, dim. 11h-13h30 et 14h-19h30.

MANILA GRACE
Mode femme (42) Plan I8

Manila Grace, en Italie, c'est un peu l'équivalent de Vanessa Bruno à ses débuts. Basée à Bologne, la marque affectionne autant les mêmes couleurs lavées, les mêmes matières souples et les mêmes robes fluides.

Sur les portants de cette boutique, la maille légère (136-200 € selon les saisons) côtoie des nuisettes en soie, des pantalons (127-230 €), des vestes en cuir, des foulards, des sacs et des chaussures signés Alessia Santi, la créatrice.
Via Frattina, 60 • ☎ 06 6797 836 et via Cola di Rienzo 113/115 • ☎ 06 3260 9723 • www.manilagrace.com • T.l.j. 10h-20h.

ABITART
Mode femme ㊸ Plan I7

Vanessa Foglia propose des créations uniques et féminines qui associent plusieurs matières et imprimés. Au final, des robes et des ensembles très colorés, et très mode, qui vous donneront envie d'entrer dans le magasin dès le premier coup d'œil. Également des accessoires assortis aux différentes lignes de vêtements proposées (vous verrez, par exemple, des sacs à main de 45 à 180 €).
Via della Croce, 46/47 • ☎ 06 6992 4077 • www.abitartworld.it • T.l.j. 10h30-20h.

MILLERIGHE
Mode homme ㊹ Plan I8

Une bonne adresse pour s'offrir une chemise italienne classique et parfaitement coupée. La collection d'hiver s'abreuve plutôt de tons sages, bleu, noir ou blanc, pour laisser place, en été, à des modèles plus gais et colorés, avec des coupes plus sportives. Prix : 39 €, 59 € et 69 €.
Via del Gambero, 12 • ☎ 06 4568 6094 ou ☎ 06 6992 0450 • Lun.-sam. 10h-19h30, dim. 11h-19h30 ; f. 1 sem. en août.

NUVOLARI
Mode homme ㊺ Plan H7

Une boutique multimarque, résolument tournée vers le sportswear chic, où se côtoient griffes internationales et designers italiens. Nuvolari a également développé sa propre ligne : jeans, tee-shirts, pulls ou encore chemises colorées. N'y cherchez pas des costumes-cravates ! Jeans à partir de 78 €.
Via del Corso, 502 • ☎ 06 3600 0291 • www.nuvolari.biz • T.l.j. 10h-20h.

Nuvolari

SUBDUED
Streetwear ⑯ Plan H7

Il faut pénétrer dans l'étroit couloir d'un immeuble résidentiel pour découvrir l'une des adresses favorites des jeunes Romaines ! Des modèles simples et tendance avec néanmoins le souci du détail, que ce soit dans la matière (de qualité), l'imprimé ou la coupe. Le rapport qualité/prix est excellent : tee-shirt à partir de 9 €, jean dès 49 €, robe à partir de 30 €). Sélection de sacs, chaussures et accessoires.

Via Laurina, 37
• ☎ 06 8916 5427
• www.subdued.com/eu_fr
• Lun.-sam. 10h30-20h, dim. 11h-14h et 15h-20h.

GALLO
Mode mixte ㊼ Plan I8

Les Italiens, pour qui la chaussette a autant d'importance que la cravate, raffolent de cet endroit. Vaste choix de couleurs et de matières (il y a des modèles en cachemire) à des prix qui restent raisonnables : à partir de 25 € la paire. Également un peu de mode pour les femmes, les hommes et les enfants et surtout plein d'accessoires colorés, rayés, imprimés : 139 € les ceintures rayées, 59 € les chaussons en panne de velours, etc.

Via Frattina, 122/123
• ☎ 06 6920 2198
• T.l.j. 10h-20h30.

BORSALINO
Chapeaux ㊽ Plan I7

Les amateurs de couvre-chefs ne pourront pas faire l'impasse sur cette boutique qui célèbre l'authentique Borsalino, synonyme de chic intemporel. Vous le trouverez, selon les saisons, en paille (à partir de 190 €) ou en feutre. Également une déclinaison de modèles pour ces dames…

Via Sistina, 58/A • ☎ 06 678 8821
• www.borsalino.com
• Lun. sam. 10h-14h et 15h-19h.

FAUSTO SANTINI
Maroquinerie ㊾ Plan I8

Le décor minimaliste, réalisé par le Studio Antonio Citterio, met en scène des sacs très design (320 à 700 €) pour jeunes filles branchées et des chaussures tendance (250 à 850 €). À voir aussi, des sacs à dos unisexes, des portefeuilles ingénieux (180 à 250 €) et des housses pour ordinateurs portables… Une adresse incontournable pour les amateurs de maroquinerie astucieuse et moderne.

Via Frattina, 120 • ☎ 06 678 4114
• www.faustosantini.com • Lun.-sam. 10h-19h30, dim. 11h-19h.

CATELLO D'AURIA
Gants ㊿ Plan I8

Voilà une famille de gantiers, anciens fournisseurs du roi, qui a pignon sur rue depuis 1894.

De grands lustres, des fauteuils cannés, un papier peint couleur champagne : un décor très chic, fin XIXe s. et une sélection de de gants fins (30 à 200 €).
Via Due Macelli, 55 • ☎ 06 679 3364 • www.catellodauria.it • Lun. 14h-19h30, mar.-sam. 9h30-19h30, dim. (oct.-fin fév.) 11h-19h30.

IL MARMORARO
Marbre (51) Plan I7

Une minuscule échoppe qui vous replonge au temps où la via Margutta était le berceau des artistes. Aujourd'hui, au sein de sa petite boutique, Sandro Fiorentini continue de travailler le marbre en respectant les techniques ancestrales et artisanales. Vous pourrez l'observer au travail et rapporter de magnifiques pièces de marbre sculptées de poèmes et de messages (10 à 300 €).
Via Margutta, 53/B • ☎ 06 320 7660 • Lun.-sam. 9h-19h.

C.U.C.I.N.A.
Vaisselle/ustensiles de cuisine (52) Plan I7

Un espace entièrement consacré à la cuisine, et on ne s'en plaindra pas ! Une foule d'objets fonctionnels, de gadgets aussi beaux que malins et de la vaisselle exclusivement en verre ou en porcelaine blanche. Entre les cafetières italiennes traditionnelles (11 à 150 €) et les grosses passoires métalliques (idéales pour les pâtes), vous dénicherez de nombreux objets design pour que votre cuisine soit à la pointe de la tendance.
Via Mario de' Fiori, 65 • ☎ 06 679 12 75 • www.cucinastore.com • Dim.-lun. 11h30-19h30, mar.-ven. 10h-19h30, sam. 10h30-19h30.

AD HOC
Épicerie (53) Plan H7

Le restaurant du même nom a ouvert sa propre boutique spécialisée dans le vin et la truffe venue tout droit de San Pietro a Pelfine, en Ombrie. Truffes fraîches (sur réservation), huile de truffe, condiments, miel à la truffe (15 €/100 g) : mille et une curiosités gustatives... Pour vous

Il Marmoraro

Les fripes

Si vous avez envie d'acheter des vêtements *seconda mano*, direction le marché de porta Portese ou celui de Borghetto Flaminio, tous les dimanches. Puis poursuivez parmi les nombreuses boutiques de fripes du Trastevere, des via del Governo Vecchio (voir p. 46 et 184) et via del Boschetto (voir p. 82). N'oubliez pas de marchander !

guider, quelques livres de recettes sont aussi proposés à la vente.
Via del Vantaggio, 28 • ☎ 06 9435 9251 • www.tartufoadhoc.com • Mar.-dim. 14h-21h.

SALUMERIA FOCACCI
Épicerie ⑤⑤ Plan I7

Entrez dans la ronde des fromages traditionnels de 11 à 30 €/kg (*caciocavallo, pecorino, parmigiano*) et des charcuteries locales (*porchetta, prosciutto* et *salame*). Vous trouverez aussi dans cette boutique à l'accueil chaleureux une intéressante sélection de pâtes artisanales.
Via della Croce, 43 • ☎ 06 679 1228 • www.salumeriafocacci.it • Lun.-sam. 8h-20h.

FABRIANO
Papeterie ⑤⑥ Plan H7

Ici, le papier est à l'honneur ! Fabriano vous propose blocs, cahiers et autres articles de papeterie dans des tons colorés et au design étudié, d'excellente qualité. Les amoureux de l'écriture pourront même choisir la texture de leurs feuilles, écologiques, marquées, vergées, embossée ou veloutées. Vous trouverez aussi stylos, gadgets, objets de décoration et une magnifique et très originale collection de bijoux… en papier !
Via del Babuino, 173 • ☎ 06 3260 0361 • www.fabrianoboutique.eu • T.l.j. 10h-19h30.

IL MARE
Livres ⑤⑦ Plan H7

Comme son nom l'indique, cette vaste boutique s'est fait une spécialité des livres consacrés à la mer. Littérature, beaux-arts, essais explorent la faune et la flore marines, la pêche et la plongée, les bateaux et les phares, les pirates et les grands aventuriers. En prime, ils se déclinent dans toutes les langues, italien bien sûr, mais aussi français, anglais, espagnol et même japonais.
Via del Vantaggio, 19 • ☎ 06 361 2155 • www.ilmare.com • Lun. 15h30-19h30, mar.-sam. 11h-14h et 15h30-19h30 ; f. le sam. apr.-midi de juin à août.

VOIR AUSSI :

Maison Fendi | p. 70 | Plan I7

De Monti à l'Esquilin (Quartier 10 - p. 82)

LOL
Mode femme (59) Plan D3

LoL compte quatre boutiques spacieuses où sont réunies des marques italiennes et internationales (80 à 600 €) : Forte Forte, Humanoid, Bellerose, Majestic, etc. Des vêtements casual et chics, sobres et colorés.
Via Urbana, 89/92 (angle de la piazza degli Zingari), piazza Madonna dei Monti, 1, via Luciani 44 et via dei Serpenti 161 • ☎ 06 481 4160 • T.l.j. 11h-15h et 16h-20h ; f. le dim. en juil.-août.

TINA SONDERGAARD
Mode femme (60) Plan D3

Cette créatrice danoise installée à Rome est devenue une référence pour les coquettes qui viennent se faire tailler des robes pop sixties sur mesure (autour de 150 €) dans sa petite boutique-atelier de Monti. La ligne comprend aussi des vestes en tweed, des chemisiers en voilage transparent et des robes fluides, colorées et parfaitement coupées.
Via del Boschetto, 1/D • ☎ 06 8365 5761 • www.tinasondergaard.com • Lun.-mer. 10h30-19h30, jeu.-sam. 10h30-21h, dim 11h-13h30 et 14h-19h.

ABITO
Mode femme (61) Plan D3

Wilma vous accueille dans sa jolie boutique-atelier. Vous y découvrirez sa ligne, Le Gallinelle, inspirée de la mode des années 1940 mais revisitée avec des tissus modernes. Vous pourrez aussi choisir parmi une trentaine de modèles votre pièce personnalisée et sur mesure (à partir de 240 € pour un manteau).
Via Panisperna, 61 • ☎ 06 489 03495 • Mar.-sam. 12h-20h.

KOKORO
Mode femme (62) Plan D3

Difficile de définir le style de Benedetta et David, jeunes créateurs de mode. Ce qui est certain, c'est que leurs pièces uniques, produites en trois coloris au maximum, sont dans l'air du temps et surtout (plutôt) abordables puisque rien n'est à plus de 100 €. Chaque modèle peut être réalisé sur mesure avec le tissu de votre choix.
Via del Boschetto, 75 • ☎ 06 487 0657 • www.kokoroshop.it • T.l.j. 11h-20h ; f. 2 sem. en août.

FABIO PICCIONI
Bijoux (63) Plan D3

Une véritable mine d'or si vous cherchez des pièces uniques ou décalées (à partir de 30 €). Les petites vitrines regorgent de bijoux artisanaux, de bijoux d'époque 1900 à 1970 et de bijoux customisés par Fabio Piccioni lui-même. Colliers de perles, de corail ou en Bakélite,

Du pain et des baisers...

Il existe à Rome trois cents types de pains différents, chacun destiné à un usage ou à une occasion spécifiques. Parmi ceux-ci, essayez le *pane casareccio* pour la *bruschetta*, la *rosetta*, petit pain individuel en forme de rose, la *ciriola* et le *sflilatino*, idéal pour se faire un *panino* (sandwich). Les amateurs de chocolats n'oublieront pas de rapporter les *baci* (baisers) de Perugina, ces douceurs créées en 1922, dont l'enveloppe contient un petit papier portant une citation célèbre sur l'amour. Idéal pour briser la glace avec l'élu(e) de votre cœur...

camées, broches en argent vintage, parures de faux diamants ne sont qu'un aperçu des trésors que vous dénicherez parmi les grands noms du design européen et américain représentés, de Gucci à Tiffany & Co.

Via del Boschetto, 148 • ☎ 06 474 1697 • Lun. 14h-20h, mar.-sam. 10h30-13h et 14h-20h ; f. le sam. en juil.-août.

PANELLA
Boulangerie/ pâtisserie (65) Plan E3

Une excellente boulangerie-pâtisserie dotée d'un comptoir pour prendre un verre et d'un large rayon d'épicerie fine. Un nombre incroyable de variétés de pain (celui au levain et aux olives vertes est un régal, 16 €/kg !) et des gâteaux à en perdre la tête (goûtez une de leurs spécialités romaines à la ricotta et au chocolat, 4 € pièce). À savoir, les pâtes sont moins chères que dans la plupart des épiceries.

Via Merulana, 54 • ☎ 06 487 2344 • Lun. 7h-23h., mar.-jeu. 8h-23h, ven.-sam. 8h-minuit, dim. 7h-16h.

PASTICCERIA REGOLI
Pâtisserie (66) Plan E3

Tout près de la basilica Santa Maria Maggiore, voilà une pâtisserie de quartier comme on les aime : modeste mais riche de mille saveurs. Spécialités maison, les *torte della Nonna*, les *bavaresi* ou *millefoglie*. Bon point aussi pour les babas au rhum, fondants à souhait et pour les *cannoli siciliani*. Gâteaux individuels à partir de 2 €.

Via dello Statuto, 60 • ☎ 06 487 2812 • Mer.-lun. 6h30-20h30.

BLUE GOOSE
Fripes (67) Plan D3

On trouve dans cette boutique des articles de seconde main en excellent état ou des vêtements de marques italiennes (Armani, Valentino, Fendi) ou internationales, issus de showrooms et vendus à des prix imbattables.

Via del Boschetto, 4 • ☎ 06 4890 6738 • Lun.-sam. 11h-20h, dim. : téléphoner avant.

Le top des boutiques GOURMANDES

Rome est réputée pour ses pâtes, son huile d'olive, son café et son *pecorino*, alors c'est le moment de faire votre marché pour remplir votre valise de bons produits italiens.

TAZZA D'ORO

Considéré, à juste titre, comme l'un des meilleurs cafés de Rome, où l'on peut aussi acheter du café en grains ou moulu. Voir p. 132, **Panthéon.**

ANTICA NORCINERIA VIOLA

Le meilleur de la charcuterie italienne à rapporter chez soi : *prosciutto, salsiccia, speck, mortadella, coppa*, etc. Voir p. 195, **Campo de' Fiori.**

CASTRONI

Huiles d'olive, pâtes, risotto, *cantuccini*... une épicerie italienne bien fournie et très fréquentée. Voir p. 206, **Cité du Vatican.**

EATALY

Vins, fromages, charcuterie, gâteaux, épicerie : c'est le temple de la gastronomie italienne. Vous repartirez les bras chargés. Voir p. 119, **Ostiense.**

La cité du Vatican (Quartier 12 - p. 92)

ALEXANDRA
Chaussures (68) **Plan B2**

Cette jolie petite boutique propose un vaste choix de chaussures très tendance. Si vous n'aimez que le style classique, mieux vaut passer votre chemin !

Ici, vous trouverez des semelles compensées, des bottes à motifs brodés, des couleurs flashy...

Via Paolo Emilio, 19/21/23
• ☎ 06 324 3311
• www.alexandraroma.it
• Lun. 15h30-19h30, mar.-sam. 10h-19h30, dim. : téléphoner avant.

PERONI
Ustensiles de cuisine ⑹⑼
Plan B2

Une incroyable caverne d'Ali Baba consacrée à la cuisine et plus spécifiquement à la pâtisserie. Elle réunit des accessoires et des moules à profusion, en forme d'étoiles, de cœurs ou de fleurs. Vous y trouverez également la traditionnelle machine à fabriquer les pâtes (dès 38 €).

Piazza dell'Unità, 29
- **☎ 06 321 0852**
- **www.peronisnc.it**
- **Lun.-sam. 10h-19h30.**

Peroni

MERCATO PIAZZA DELL'UNITÀ
Marché ⑺⑽ Plan B2

Ce ravissant marché couvert, bien plus fréquenté par les Romains que les touristes, est le poumon du quartier. On y trouve un vaste choix de pâtes, fromages, charcuteries, fruits et légumes et même des vêtements. Les prix, revus à la baisse, s'en ressentent. À l'entrée, un petit comptoir avec quelques tables en extérieur permet de prendre un café.

Entrée via Cola di Rienzo, 245
- **Lun.-sam. 6h30-19h30 (attention plusieurs stands f. l'ap.-m.).**

CASTRONI
Épicerie/traiteur ⑺⑴ Plan B2

Cet angle de la via Cola di Rienzo est un véritable paradis gastronomique. Chez Castroni, vous touverez un excellent café à consommer sur place ou à emporter. Vous pourrez aussi glisser dans vos valises des chocolats (de 2,50 à 3,80 €/100 g), à moins que vous ne préfériez de l'huile d'olive (de 12 à 30 €/litre). Vous découvrirez ici ce qu'un traiteur romain peut offrir de meilleur.

Via Cola di Rienzo, 196
- **☎ 06 687 4383**
- **www.castronicoladirienzoshop.it**
- **Lun.-sam. 8h30-20h.**

VOIR AUSSI :

Galleria Savelli | p. 96

Le Trastevere (Quartier 13 - p. 102)

HARVEY SHOES
Chaussures 73 Plan G10

Fan de Frida Kahlo, des Beatles ou de la Reine des neiges ? Ce stand au sein de la boutique Acid Drop propose l'idée originale de peindre des baskets de type Converse blanches (modèle haut) à l'effigie de vos personnages ou artistes de prédilection. Si vous rêvez d'un modèle ou d'une pointure qui ne sont pas proposés, il pourra vous être réalisé à la commande. Comptez environ 115 € pour un modèle adulte.
Via del Moro, 14
• ☎ 33 3300 1377
• Lun. 15h-20h, mar.-jeu. 11h-21h, ven.-dim. 11h-minuit.

MERCATO DI PORTA PORTESE
Marché/fripes 74 Plan C4

C'est l'immense marché aux puces institutionnel qui se trouve au cœur du Trastevere (attention aux pickpockets). Vous déambulerez sur des kilomètres, de la via Portuense jusqu'à la piazza Ippolito Nievo (B5), à la recherche de fripes et de stocks de faillites d'usines. On y trouve de tout, mais l'endroit reste assez décevant si l'on est à la recherche d'une véritable trouvaille.
Via Portuense • Dim. 6h-14h.

TWICE VINTAGE SHOP
Fripes 75 Plan B4

Tania et Cristina, deux sœurs d'origine roumaine, ont ouvert cette boutique rétro diablement tendance. Passionnées par le vintage, elles proposent vêtements et accessoires des années 1920 aux années 1990. Jolis tops (20 €), robes (30-40 €) et une foule d'accessoires et de sacs à petits prix. Également un rayon homme.
Via di Francesco a Ripa, 7
• ☎ 06 581 6859 • www.twicevintage.com • T.l.j. 11h-20h.

Twice Vintage Shop

Carnet

PRATIQUE

Retrouvez toutes nos adresses localisées sur les cartes et plans grâce à un numéro coloré.

56	35	28
Restos	Bars	Boutiques

Le numéro renvoie à sa notice détaillée dans le chapitre concerné.

QUAND PARTIR ?

Le printemps romain, plus précoce qu'en France, remplit la ville de fleurs. **De mars à mai,** l'air est doux et Rome délicieuse, même si la saison touristique est déjà à la hausse. **L'été,** l'atmosphère devient de plus en plus lourde avec un pic en août où vous trouverez Rome déserte. C'est le mois que les Romains choisissent pour partir en vacances, et beaucoup de commerces ou de restaurants ferment, surtout autour du 15 août. En revanche, beaucoup de spectacles en plein air vous feront profiter de la douceur des nuits. En automne, **de septembre à fin octobre,** la lumière est superbe et la température idéale pour arpenter les rues. Le mois de **novembre** est souvent pluvieux. **En décembre,** illuminations de Noël et crèches géantes au Vatican parent la ville de mille lumières.

POUR Y ALLER

Pour un grand week-end, le voyage en avion est sans doute la solution la plus simple. **De Paris, le vol dure deux heures** et les tarifs sont plus intéressants si l'on décale son retour ou son arrivée par rapport au week-end.

EN AVION

Les **compagnies Air France et Alitalia** proposent une douzaine de vols quotidiens au départ de Paris-

Se renseigner avant de partir

Office national italien du tourisme (ENIT France)
23, rue de la Paix, 75002 Paris • ☎ 01 42 66 082 27 • www.enit.it • Lun.-ven. 11h-16h45.

Institut culturel italien
Pour en savoir plus sur la littérature et la culture italiennes, une bibliothèque et des expositions.
50, rue de Varenne, 75007 Paris • ☎ 01 85 14 62 50 • www.iicparigi.esteri.it • Lun.-ven. 10h-13h et 15h-18h.

Portail de l'office de tourisme de Rome
www.turismoroma.it

Charles-de-Gaulle et à destination de Roma-Fiumicino. Air France assure également 1 ou 2 vols quotidiens au départ de Lyon, Marseille, Nice, Bordeaux, Clermont-Ferrand et Toulouse (direct ou via Paris ou Lyon). À condition de vous y prendre longtemps à l'avance ou en pistant les offres promotionnelles sur les sites Internet des compagnies, vous ne paierez pas forcément plus cher qu'avec une compagnie low cost. En moyenne, comptez **autour de 150 € pour un aller-retour.**

Air France : ☎ 36 54 • www.airfrance.fr

Alitalia : ☎ 0892 655 655 • www.alitalia.com

Les **compagnies low cost** proposent des vols à bas prix, avec parfois des allers-retours à moins de 60 €. Attention cependant aux taxes (d'aéroport, bagages en soute et parfois taxe d'enregistrement) non incluses et aux transferts vers les aéroports qui sont souvent éloignés des centres-villes. Les tarifs sont très variables selon les dates. Prévoyez au final **entre 80 et 150 €** en moyenne. Réservation par téléphone ou sur Internet.

Ryanair : liaison Paris-Beauvais (navette pour l'aéroport au départ de Paris, porte Maillot)/Roma-Ciampino • ☎ 01 80 14 44 52 • www.ryanair.com

EasyJet : liaison Paris-Orly/Roma-Ciampino et Paris-Orly/Roma-Fiumicino • ☎ 0806 141 141 • www.easyjet.com

Vueling : liaison Paris-Orly/Roma-Fiumicino • ☎ 01 84 88 69 48 • www.vueling.com

Pensez à consulter les centrales de réservation *on line* qui proposent des vols secs, des séjours et des forfaits week-end à prix compétitifs. Elles permettent de comparer les tarifs entre les compagnies aériennes et proposent régulièrement des promotions.

www.fr.lastminute.com • www.opodo.fr • www.bourse-des-vols.com • www.ebookers.com

EN TRAIN

Il n'existe plus de lignes directes Paris/Rome. La compagnie Thello rallie chaque nuit (cela vous permet d'économiser des frais d'hébergement) Milan au départ de Paris-Gare de Lyon ou Dijon. De la gare centrale de Milan, vous pourrez alors prendre une liaison intérieure, assurée par Trenitalia, pour vous rendre à Rome-gare Termini (ligne à grande vitesse, 3 h de trajet).

Infos et résa : www.thello.com et www.trenitalia.com

La gare Termini est le nœud du réseau ferroviaire et des transports romains (métro, bus et navettes). Elle accueille un centre commercial ouvert tard le soir et le dimanche. La foule est dense, alors prenez garde aux pickpockets.

www.grandistazioni.it

DORMIR À ROME

DANS QUEL QUARTIER DORMIR ?

Autour de la gare de Termini se concentrent des logements bon marché. Le quartier n'est pas des plus calmes mais bien desservi par les transports en commun. Se loger dans le Trastevere, le Ghetto ou le Testaccio est un bon moyen de découvrir le charme de la ville. Bien entendu, **les plus beaux palais** se concentrent dans le centre historique, avec des prix élevés et des nuits animées. Enfin, le quartier du Vatican reste une option pour ceux qui recherchent le calme et une position assez centrale.

HÔTELS, PENSIONS, B&B OU INSTITUTIONS RELIGIEUSES ?

Pensions de grand-mère, palaces, couvents ou boutiques-hôtels, Rome offre une palette variée d'hébergements à des prix pouvant facilement grimper selon les quartiers. Vous pourrez trouvez des B&B et pensions ainsi que des auberges de jeunesse au confort parfois sommaire. Il existe dans toute la ville **de nombreux hôtels de 1 à 5 étoiles** (classification fondée sur les équipements sans prendre en compte la qualité du cadre ni l'accueil) **ou de luxe** (L). Vous pouvez réserver des **chambres chez l'habitant** sur le site Airbnb ou par l'intermédiaire de petites agences comme celle de Sophie de Dormir à Rome. **Loger dans un couvent** peut être une alternative intéressante pour dormir en centre-ville et vivre par la même occasion une expérience unique. Le confort est parfois rudimentaire mais les institutions religieuses offrent propreté et tranquillité dans des sites souvent exceptionnels. Des règles strictes sont toutefois appliquées, comme le couvre-feu vers 22h30-23h, forcément rédhibitoire pour les noctambules. Le centre pastoral d'accueil de Rome vous aidera à y réserver une chambre.

www.aubergesdejeunesse.com

Dormir à Rome : http://dormirarome.com

• Centre pastoral : via di Sta Giovanna d'Arco, 10 • ☎ 06 68 19 24 64 • www.centreaccueilrome.com

Réservations

Il est **indispensable de réserver longtemps avant** et de confirmer par téléphone ou e-mail, surtout pour la **haute saison (mai-juin, sept.-oct., Pâques et Noël).** Pensez aussi à consulter et réserver directement en ligne sur le site Internet de l'hôtel (les offres promotionnelles y sont fréquentes) ou sur les sites : www.booking.com ou www.laterooms.com

Tarifs

Les hôtels de Rome sont chers et ne correspondent pas toujours au niveau de confort et de services attendus. À moins de loger dans une petite pension près de la gare ou dans une institution religieuse, n'espérez pas débourser moins de **100 € pour une nuit en chambre double.** Vérifiez que taxes, services et petit-déjeuner sont inclus. Depuis le 1er janvier 2011, il faut aussi ajouter une taxe de séjour (2 à 7 €) par personne et par nuit pour un séjour de 10 jours maximum. Donnés à titre indicatif, les prix annoncés dans ce guide correspondent à une chambre double standard, petit déjeuner compris sauf mention contraire, en basse et en haute saison.

Voir notre sélection d'adresses p. 221.

SE DÉPLACER

DE L'AÉROPORT AU CENTRE-VILLE

Rome dispose de deux aéroports : Fiumicino (appelé aussi Leonardo da Vinci), à 30 km au sud-ouest, et Ciampino, à 15 km au sud-est.

En train

Depuis Fiumicino : le Leonardo Express dessert la gare Termini par un train direct (aller 14 €). Compter environ 30 min de trajet. Départ toutes les 30 min de 5h35 à 22h35 (un service de bus de nuit est ensuite assuré). La ligne de train régionale FL1 relie également l'aéroport et le centre-ville en passant par les gares Ostiense, Trastevere, Tuscolana et Tiburtina (aller 12 €). Compter environ 30 min de trajet. Départ toutes les 15 min en semaine et le sam., toutes les 30 min le dim., pendant les vacances et les jours fériés de 5h01 à 22h01 (horaires variables). Au retour, pour éviter la queue aux guichets, vous pouvez acheter votre ticket quai 23-24, d'où part le train, au petit guichet Trenitalia (15 €), à l'un des distributeurs automatiques (paiement par carte ou espèces) ou sur le site Internet. Si vous manquez de temps, passez par l'entrée via G. Giolitti (en face du magasin Discoteca Laziale) qui donne directement accès au quai 25. **Le train est le transport le plus fiable pour arriver à l'heure à l'aéroport.**

☎ 89 20 21 • www.trenitalia.com

En bus et minibus

Depuis Ciampino : à moins de prendre un taxi, **le bus est la seule solution pour rejoindre directement le centre-ville.** Les compagnies Terravision et SIT vous déposeront près de la gare Termini en 45 min environ (4 € l'aller). Autre solution pratique et peu coûteuse, prendre le bus (ligne n° 520) puis le métro (ligne A) à l'arrêt Cineccitta vers le centre-ville.

Moins intéressant au départ de Fiumicino car le trajet est de 1 h en moyenne (7€ l'aller avec SIT). Les Rome Airport Bus rallient quant à eux Ciampino en 35 min (9,90 € l'aller) et Fiumicino en 1 h (9,90 € l'aller), au départ de Termini.

• www.terravision.eu • www.sitbusshuttle.com • www.romeairportbus.com

Des compagnies privées proposent un service de **minibus** qui vous déposent directement à votre hôtel (environ 20 €/personne). Les hôtels vous proposeront souvent ce service au moment de la réservation. **Cette option n'est pas recommandée,** surtout pour le retour, car la navette dessert les quatre coins de Rome. Le trajet peut être long (jusqu'à 2 h dans certains cas !).

En taxi

C'est l'option la plus chère sauf si vous voyagez à 4 personnes. N'utilisez que les taxis officiels de la ville de Rome (de couleur blanche) qui appliquent un tarif fixe de 48 € pour le centre-ville (délimité par les anciennes fortifications) et 45 € pour Ostiense (30 € depuis Ciampino). **Vous ne gagnerez pas de temps** par rapport au train car la durée de la course est de 30 à 60 min selon le trafic.

SUR PLACE

À pied

C'est ainsi que vous profiterez pleinement de l'atmosphère de la ville. Le centre historique se visite facilement à pied et la plupart des monuments sont situés dans ce périmètre. Attention toutefois, les secteurs réservés aux piétons sont empruntés par les vélos et les scooters.

Plans et titres de transport

Les plans du réseau ne sont pas distribués par la compagnie des transports en commun ATAC, il est donc difficile d'en trouver sur place à moins d'en acheter dans un kiosque à journaux. Autre solution, **télécharger gratuitement le plan qui vous intéresse** sur le site Internet d'ATAC dans la section « linee e mappe » et l'imprimer avant de partir.

Vous pouvez aussi vous renseigner au **guichet d'information de la gare Termini.** Les tickets, valables sur tout le réseau (bus, tram, métro), sont en vente dans les kiosques à journaux, les bureaux de tabac ainsi qu'aux distributeurs automatiques des stations (qui ne prennent pas la carte bancaire et acceptent seulement certains types de billets de banque, de préférence ceux de 5 ou 10 € !).Ils ne sont pas vendus à bord. Les points de vente affichent le logo ATAC.

ATAC : ☎ 06 06 06
• www.atac.roma.it
• T.l.j. 9h-20h.

Il existe plusieurs formules :

• Le BIT *(biglietto integrato a tempo)* à 1,50 €, valable 1 h 40 ou pour un seul trajet avec correspondance ;
• ROMA 24 H à 7 €, valable pendant 24 h à partir de l'heure du premier compostage ;
• ROMA 48 H à 12,50 € (pour 2 j.) ;
• ROMA 72 H à 18 € (pour 3 j.) ;
• ROMA CIS à 24 € (pour 7 j.) ;
• ROMA PASS avec un accès illimité aux transports en plus de l'entrée à certains sites et musées (voir p. 219).

En métro

Le métro de Rome contourne plus qu'il ne traverse le centre historique. Il comporte **trois lignes.** La ligne A (rouge) et la ligne B-B1 (bleue) se croisent à la gare Termini. La ligne C (verte) démarre de Lodi et de Pigneto pour se prolonger vers l'est de la ville. Encore en chantier, elle croise la ligne A à San Giovanni, et devrait traverser le centre historique une fois les travaux terminés (retardés par des découvertes archéologiques constantes…). Les trains circulent **jusqu'à 23h30 (minuit et demi le week-end).** Il existe également des lignes ferroviaires qui croisent celles du métro et qui relient le centre à la banlieue.

Pensez-y

Formalités

Les ressortissants de l'Union européenne doivent être en possession d'une carte d'identité ou d'un passeport en cours de validité. Pour les citoyens des autres pays, un passeport est exigé, et parfois un visa. Un conseil : photocopiez vos papiers et cachez votre argent dans une ceinture. Les **enfants mineurs**, non accompagnés d'un de leurs parents, doivent être en sus en possession d'une autorisation de sortie du territoire (formulaire à télécharger sur : www.service-public.fr/particuliers/vosdroits/F1359).

Consulat d'Italie en France : 5, bd Émile-Augier, 75116 Paris • ☎ 01 44 30 47 00.

Si vous avez perdu vos papiers :

Consulat de France : via Giulia, 252 (G9) • 9h-12h30 • ☎ 06 6860 1500.

En cas d'urgence :

Ambassade de France : piazza Farnese, 67 (G9) • ☎ 06 686 011 • www.it.ambafrance.org ; carabinieri : ☎ 112 ; police : ☎ 113.

Assurance

Prévoyez une assurance rapatriement, utile en cas d'accident grave. Les voyagistes la proposent systématiquement, comprise ou non dans le forfait. De plus, un certain nombre de cartes de crédit incluent cette assurance dans leurs avantages. Renseignez-vous !

Santé

Si vous suivez un traitement médical, prenez vos médicaments, car vous ne serez pas assuré de retrouver les mêmes à Rome. Aucune vaccination n'est obligatoire pour entrer en Italie. Pour les ressortissants de l'UE, emportez votre carte européenne d'assurance maladie afin de vous faire rembourser vos frais de santé à votre retour.

Pour les carabienieri : ☎ 112 ; urgences : ☎ 118 et médecin de garde ☎ 06 570 600.

Douane

Il n'y a pas de déclaration à faire pour les citoyens de l'UE. Les non-ressortissants de l'UE peuvent importer en franchise une quantité limitée de cigarettes, cigares et tabac, ainsi que de vin ou spiritueux et de parfum. Les achats en duty free sont contingentés. L'importation d'armes à feu, de munitions et d'armes blanches est interdite. Si vous emmenez votre chien ou votre chat, munissez-vous d'un certificat de vaccination antirabique établi par votre vétérinaire au moins 30 jours avant le départ.

En bus

Avec environ 240 lignes, **le réseau de bus est dense et compliqué.** La ponctualité étant très aléatoire et les embouteillages fréquents, pour une courte distance, il vaut mieux marcher. Les bus circulent **entre 5h30 et minuit,** puis sont relayés par les bus de nuit signalés par un « N », aux arrêts, et un logo représentant une chouette. Les arrêts de bus *(fermata)* sont matérialisés par des panneaux indiquant les numéros de lignes qui y passent et leur itinéraire, surmonté du nom de l'arrêt.
À bord, celui-ci n'est pas toujours précisé. Les Romains, habitués aux difficultés de leur système de transports, vous aideront volontiers. Vous pouvez vous renseigner avant votre trajet sur le site Internet **www.atac.roma.it**

- **Les grands pôles de correspondances** : piazza dei Cinquecento (devant la gare Termini), piazza Venezia, largo di Torre Argentina, piazza del Risorgimento et piazza San Silvestro.
- **Les lignes utiles** : la ligne 64 (Termini/San Pietro via le Centro storico) et les lignes de bus électriques 590 (Villa Borghese-Vatican) et 117 (Piazza del Popolo/San Giovanni in Laterano) qui sillonnent le centre historique.

En tramway

Il existe 6 lignes : **ligne 2** : Piazzale Flaminio/Piazza Mancini (pour se rendre au MAXXI) ; **ligne 3** : Valle Giulia/Stazione di Trastevere ; **ligne 5** : stazione Termini/Piazza dei Gerani ; **ligne 8** : Piazza Venezia/Via del Casaletto ; **ligne 14** : stazione Termini/Piazza Togliatti ; **ligne 19** : Piazza del Risorgimento/Piazza dei Gerani (pour San Lorenzo et Pigneto).

En taxi

Les taxis sont aussi chers qu'à Paris mais **pratiques si vous avez des bagages.** Les embouteillages fréquents peuvent vite faire grimper le prix d'un trajet. Prenez toujours les voitures officielles de couleur blanche avec l'inscription Roma Capitale. Elles disposent d'un compteur. Les stations de taxis se trouvent dans les quartiers historiques (piazza Venezia, Pantheon, largo di Torre Argentina, etc.) et près des gares.

Prise en charge : 3 € en sem. et en journée, 4,50 € les dim. et jours fériés, 6,50 € de 22h à 6h. Ajoutez ensuite 1,10 €/kilomètre.

Vous pouvez appeler une compagnie moyennant un supplément :

Taxis de la Comune di Roma : ☎ 060609
Radio Taxi : ☎ 06 881 77 ou 06 88 22
Taxi Tevere : ☎ 06 49 94 ou 06 41 57
Samarcanda : ☎ 06 55 51.

En voiture

Nous vous déconseillons fortement d'utiliser une voiture en centre-ville. Slaloms et Klaxons sont le langage courant des automobilistes italiens ! Avec l'audace des Vespa et autres deux-roues, et la distraction des piétons, vous pouvez renoncer à une conduite détendue. Quant au stationnement, il est réservé dans le centre aux résidents. Si votre hôtel n'a pas de **parking**, il vous reste celui situé sous la Villa Borghese (Parcheggio Villa Borghese, viale del Galoppatoio, 33, ☎ 06 322 5934, 24h/24, 2,30 €/h et 22 €/jour, 1 800 places, résa possible de places de parking sur www.sabait.it) et celui de la piazzale dei Partigiani (6h-23h, 0,77 €/h et 5 €/jour, 430 places, www.atac.roma.it).

Si vous souhaitez vous garer dans la rue, il existe **trois marquages :** jaune (interdit), blanc (autorisé et gratuit), bleu (payant ; tickets en vente dans les kiosques et bureaux de tabac).

À deux-roues

Les téméraires loueront une Vespa, un scooter ou encore un vélo.

Bici & Baci : via del Viminale, 5 ; via Cavour, 302 ; vicolo del Bottino, 8 (entrée M° Spagna) • ☎ 06 482 8443 et ☎ 06 9453 9240 ; vicolo del Bottino 8 • ☎ 06 678 6788 • www.bicibaci.com (agence spécialisée en location de véhicules à deux-roues). Voir aussi « Visites guidéesà Vespa », p. 218.

À VOIR, À FAIRE

INFORMATIONS TOURISTIQUES

La ville de Rome a mis en place **un numéro de téléphone et un site Internet** depuis lesquels vous pouvez réserver une chambre d'hôtel, organiser votre circuit, consulter l'actualité culturelle, etc.

Service de renseignements touristiques et culturels de la mairie de Rome : ☎ 06 06 08 (t.l.j. 9h-21h ; accueil en français possible) • www.060608.it (site en italien et en anglais) et www.turismoroma.it

Également de **petites guérites** octogonales de couleur verte :

Punto Informativo Turistico (PIT) : aéroports de Fiumicino (8h-20h45) et Ciampino (hors plan par A5 et F5 ; 8h30-18h) ; gare Termini (via Giolitti, 34, bât. F, quai 24 - E3 ; 8h-18h45) ; Nazionale (palazzo delle Esposizioni, via Nazionale - D3 ; 9h30-19h) ; Navona (piazza delle Cinque Lune - H8 ; 9h30-19h) ; Fori Imperiali (via dei Fori Imperiali - C3-D3/4 ; 9h30-19h) ; Sonnino (piazza Sidney Sonnino, Trastevere - H10 ; 10h30-20h) ; Minghetti (via Marco Minghetti sur la via del Corso - I8 ; t.l.j. 9h-19h).

Pour des activités culturelles, un accès Internet et des informations en français, une médiathèque :

Le Centre culturel français de Saint-Louis : largo Toniolo, 20-22 (H8) • ☎ 06 680 261 • www.ifcsl.it

Secrétariat : mar. -ven. 16h30-19h30, mer.-jeu. 9h30-13h30, sam. 10h-14h. **Médiathèque** : mar. 16h30-18h30, jeu. 11h-13h.

Vous pourrez vous procurer de beaux livres sur Rome en français à la **librairie Stendhal** :

Piazza San Luigi de' Francesi, 23 (H8) • ☎ 06 6830 7598 • www.librairiastendhal.com • Lun.-sam. 10h-19h.

Et pour savoir ce qui se passe (expos, concerts, cinéma, etc.), achetez *Trova Roma* ou consultez le site Internet www.wantedinrome.com

MUSÉES ET MONUMENTS

Billetteries et horaires

Les horaires de fermeture des billetteries sont parfois différents des horaires indiqués dans ce guide (1 h avant). Pensez à vous renseigner. La **réservation en ligne** peut être intéressante, mais elle se révèle parfois plus onéreuse, vous prélevant des frais en supplément. La solution la plus sûre consiste à éviter d'arriver à la dernière minute ! **Les musées ferment généralement le lundi.** Il faudra payer l'accès aux expositions temporaires en plus du ticket du musée. **Certains musées et monuments n'acceptent pas la carte bancaire,** veillez donc à avoir de la monnaie sur vous. À l'exception des grandes basiliques (7h-19h), les horaires d'ouverture des églises sont assez aléatoires. Elles ferment parfois entre 13h et 16h. Attention, **les règles vestimentaires y sont strictes** (épaules couvertes, shorts et jupes courtes interdits).

Gratuité

Le 1er dim. du mois, les **musées d'État** sont gratuits pour tous : Colisée, Forum, Palatin, Galleria Borghese, etc. Infos sur : **Domenica al Museo, www.beniculturali.it**

L'accès aux **musées communaux de Rome** (Musei Capitolini, Centrale Montemartini, Museo di Roma, MACRO, etc.) est **gratuit pour les Parisiens** dans le cadre d'un jumelage institutionnel entre Rome et Paris, sur présentation d'un justificatif de domicile. **www.museiincomuneroma.it**
Du mardi au vendredi, le **MAXXI** ouvre sa collection permanente gratuitement, et le **musée Carlo Bilotti** est gratuit toute l'année. Les **églises** sont en accès libre la plupart du temps.

Cartes de réduction

À acheter dans les monuments ci-dessous ou dans les points d'Information touristique.

• **Roma Pass** : il comprend un titre de transport (voir p. 213), l'entrée gratuite au premier musée (pass 48 h) ou aux deux premiers musées ou sites archéologiques visités (pass 72 h), l'entrée à tarif réduit pour les suivants, des réductions pour les expositions et les spectacles.
Tarif : 32 € (pour 48 h) ou 52 € (72 h) • ☎ 06 06 08 ou www.romapass.it

• **Biglietto Museo nazionale romano** : entrée valable 1 semaine (1 entrée par site) dans les **4 musées nationaux :** palazzo Altemps (p. 50), palazzo Massimo alle Terme (p. 89), terme di Diocleziano (p. 88) et crypta Balbi (p. 61).
Tarif : 10 € (pour 7 j.) • ☎ 06 648 851.

• **Capitolini Card** : entrée dans les **2 sites des musées du Capitole** : Capitole (p. 25) et Centrale Montemartini (p. 117).
Tarif : 17 € (pour 7 j.).

• **Billet combiné** : Forum romain + Colisée + Palatin, valable 24h.
Tarif : 16 € (+ 2 € si résa en ligne)
• www.coopculture.it

VISITES GUIDÉES

Visites à thème en français

• **Visiterome** : visites assurées par des guides conférenciers officiels de la ville de Rome.
☎ 377 492 8708 • www.visiterome.com

• **Rencontres romaines** : avec des guides bénévoles, étudiants ou passionnés d'art et d'histoire.
Piazza Trinità dei Monti, 3 (I7)
• ☎ 06 679 5901
• www.rencontres-romaines.com

• **Beyond Roma** : des jeux de piste et des activités originales et surprenantes, comme un tour en montgolfière ou une séance de shooting photo, pour découvrir Rome autrement.
☎ 32 4887 5466
• www.beyondroma.com

En bus à impériale

Des bus à impériale conduisent aux sites les plus célèbres de la ville. Le système hop-on/hop-off permet de descendre où vous voulez et de reprendre un autre bus.

Open Bus Vatican and Rome :
☎ 06 69 89 61
• www.operaromanapellegrinaggi.org
• Départs de la basilique Saint-Pierre et de la gare Termini, 9h30-18h
• Tickets 12 € (tour complet *No stop*), 20 € (journée en cours), 25 € (24 h à partir du 1er compostage), 28 € (48 h), 32 € (72 h)
• Travel Card « Vatican and Rome » : Open Bus Vatican & Rome + transports publics 27 € (24 h) ou 39 € (72 h).

À Vespa

Embarquez pour une visite guidée de Rome à Vespa, accompagné d'un guide local (145 €). En 4 h de balade, vous ferez des arrêts au Colisée, aux thermes de Caracalla, mais aussi sur la via Appia et au Testaccio. Vous pouvez aussi louer un scooter pour 3 h (45 €), une journée (65 €) ou 4 j. (240 €).
Bici & Baci : via del Viminale, 5 ; via Cavour, 302 ; vicolo del Bottino, 8
• ☎ 06 482 8443 • www.bicibaci.com
• T.l.j. 8h-19h.

En calèche

Les romantiques ne résisteront pas à l'appel des fiacres qui les attendent piazza di San Pietro (A2), piazza Venezia (I9), piazza di Spagna (I7), piazza Navona (H8-9), piazza della Rotonda (H8-9), à la fontaine de Trevi (I8) et via Vittorio Veneto (D2). Comptez de 185 à 350 € pour 1 à 2 h de balade.

En bateau

Et pourquoi pas une croisière sur le Tibre ? Les Battelli sul Tevere proposent un service de transport de passagers avec mode hop-on / off qui permet de monter et descendre aux stations fluviales de son choix. Vous pouvez embarquer ou débarquer à Isola Tiberina, Ponte Sisto, Bocca de la Verità, Campo De' Fiori, Castel San Angelo, Piazza Navona, Piazza di Spagna, Piazza del Popolo, Piazza San

Bon à savoir

Heure locale

Vous vivrez à Rome à la même heure qu'en France, hiver comme été.

Voltage

Les prises sont de type 220 V alternatif, avec des fiches à deux broches dont la taille et l'écartement sont parfois différents des nôtres. Pensez donc à acheter un **adaptateur** ou une fiche multitaille !

Écrire et téléphoner

Les timbres *(francobolli)* sont en vente dans les bureaux de tabac affichant le logo « T » ou dans les postes (1 € pour l'UE et 0,95 € pour l'Italie). Les boîtes aux lettres sont bleues pour l'étranger *(estero)* ou rouges pour toutes les destinations non romaines. Préférez les premières, plus rapides. Par ailleurs, l'État du Vatican a ses propres timbres et son service postal, réputé plus efficace que la poste nationale. Il faut alors utiliser les boîtes aux lettres affichant **« Poste Vaticane »** près de la piazza di San Pietro et des musées du Vatican.

Pour téléphoner à Rome depuis la France, faites le 00 39 puis le numéro local ; l'indicatif de Rome est le 06. Les numéros de téléphone italiens peuvent comporter de 4 à + 10 chiffres. **Pour appeler la France depuis Rome,** composez le 00 33 suivi du numéro sans le zéro. Depuis juin 2017, les frais d'itinérance *(roaming)* ne sont plus facturés par votre opérateur lors de vos voyages au sein de l'UE. **Depuis votre téléphone portable,** vos communications (appels, SMS, MMS) et votre connexion Internet sont désormais incluses dans votre forfait lorsque vous êtes en Italie. Attention, des surcoûts peuvent toutefois continuer à s'appliquer. Ainsi pour Internet, des plafonds de consommation ont été fixés. **Renseignez-vous auprès de votre opérateur.** Pour plus d'infos : https://europa.eu/youreurope/citizens/consumers/internet-telecoms/mobile-roaming-costs/index_fr.htm

Pietro. Des dîners-croisières sont également proposés.

Battelli sul Tevere • ☎ 347 541 5439 • www.battellisultevere.it

ET LE BUDGET ?

La vie à Rome est chère. Outre le transport, une grande partie de votre budget sera consacrée à l'hébergement. L'addition dans les restaurants peut vite grimper, y compris dans les *trattorie* où il faudra compter entre 20 et 30 € par personne (40 à 50 € dans un restaurant pour un repas complet avec un verre de vin). Heureusement, les alternatives sont nombreuses, comme les ***forni*** (boulangeries) ou la pratique de l'***aperitivo.*** L'entrée dans les musées est assez élevée (de 8 à 15 €), mais des cartes de réduction permettent de faire des économies (voir p. 219). L'entrée dans les églises est généralement gratuite, ainsi que dans certains musées, notamment pour les Parisiens (voir conditions p. 217) !

Comment payer ?

L'Italie étant un pays de la zone Euro, vous pouvez y effectuer vos retraits et paiements par carte (Visa, MasterCard, etc.) comme vous le feriez en France. Tous vos paiements par carte sont gratuits et vos retraits sont soumis aux mêmes conditions tarifaires qu'en France (ils sont donc gratuits pour la plupart des cartes bancaires). Prévoyez tout de même toujours des espèces pour les marchés et les petites dépenses. Vous trouverez facilement des distributeurs automatiques *(Bancomat)*.
Avant votre départ, assurez-vous que vos plafonds de retrait et de paiement à l'étranger sont activés, et demandez les montants hebdomadaires autorisés.

Perte ou vol de votre carte : avant de partir, notez les 16 chiffres de votre carte bancaire qui vous seront demandés en cas d'opposition.

Visa : ☎ 800 819 014 • www.visa.fr
MasterCard : ☎ 800 870 866 • www.mastercard.com/fr
American Express : ☎ 0033 1 47 77 72 00 • www.americanexpress.com
Numéro interbancaire d'opposition : ☎ 00 33 4 42 605 303.

Nos hôtels PAR QUARTIER

Les forums (Quartier 2 - p. 28)

FORUM

Cet élégant hôtel de 78 chambres a été aménagé dans un palais construit en partie avec des matériaux antiques provenant des forums impériaux. Le restaurant offre une vue panoramique sur la Ville Éternelle. Un petit bémol toutefois : les chambres qui donnent sur la rue peuvent être assez bruyantes.

Via Tor de' Conti, 25-30 (Plan D3) • ☎ 06 679 2446 • www.hotelforum.com • De 180 à 290 €.

Le Panthéon (Quartier 3 - p. 38)

HOTEL MIMOSA

Les 13 chambres de cet établissement très bien situé offrent tout le confort nécessaire pour profiter de la ville, avec le calme en plus. Le personnel est très accueillant.

Via di Santa Chiara, 61 (Plan H9) • ☎ 06 68 80 17 53 • www.hotelmimosa.net • De 65 à 135 €.

La piazza Navona (Quartier 4 - p. 44)

HOTEL NAVONA

Ce petit hôtel classique de 18 chambres s'est installé dans un élégant palazzo du XVe s. Les plus jolies chambres (et les plus chères) ont conservé de très beaux plafonds à caissons peints et des fresques.

Via dei Sediari, 8 (Plan H9) • ☎ 06 6830 1252 • www.hotelnavona.com • De 90 à 260 €, petit déjeuner non compris (10 €).

PORTOGHESI

Le Portoghesi est un hôtel simple à la décoration classique, mais il offre tout ce qu'il faut en matière de confort. Les 27 chambres sont toutes accueillantes. Le toit en terrasse s'ouvre sur l'église portugaise et sur la statue d'un singe prodigieux.

Via dei Portoghesi, 1 (Plan H8) • ☎ 06 686 4231 • www.hotelportoghesiroma.it • De 130 à 200 €.

Campo de' Fiori (Quartier 5 - p. 54)

PENSIONE BARRETT

Situé à deux pas des vestiges de l'Area Sacra di Largo Argentina, dans un immeuble du XVIe s., cet hôtel propose une vingtaine de chambres coquettes, décorées avec des reproductions de statues antiques, à des tarifs raisonnables.

Largo di Torre Argentina, 47 (Plan H9) • ☎ 06 686 8481 • www.pensionebarrett.com • De 150 à 160 €.

La piazza di Spagna et le Tridente (Quartier 7 - p. 64)

HOTEL PANDA

Quartier chic, hôtel familial de 28 chambres simples mais spacieuses, tout ça pour un petit prix ! Voilà une adresse comme on voudrait en trouver plein !

Via Della Croce, 35 (Plan I7) • ☎ 06 678 0179 • www.hotelpanda.it • De 85 à 130 € (5 € le petit déjeuner servi dans un bar voisin : Bar d'Angelo).

VALADIER

C'est l'hôtel de l'architecte Sabah Hajar : géométries de marbre et bois précieux, éclairage tamisé, etc. Vous y trouverez en outre deux restaurants et un bar à vins.

Via della Fontanella, 15 (Plan H7) • ☎ 06 361 1998 • www.hotelvaladier.com • De 130 à 259 €.

LOCARNO

Petit hôtel historique de 44 chambres et 3 suites, qui plonge dans le décor d'un roman d'Agatha Christie. Jardin, lounge bar qui fait aussi office de salon de thé.

Via della Penna, 22 (Plan H7) • ☎ 06 361 0841 • www.hotellocarno.com • De 180 à 350 €.

De Monti à l'Esquilin (Quartier 10 - p. 82)

DOMUS DIANA

À la fois à deux pas des adresses branchées de Monti et proche du Colisée, cette maison d'hôtes propose 5 chambres, nichées au 1er étage d'un immeuble imposant. Vous craquerez certainement pour le calme et la beauté des lieux, comme pour la modernité des chambres.

Via Mecenate, 27A (Plan E3) • ☎ 349 320 76 38 (portable) • www.domusdiana.it • De 50 à 120 €.

La piazza della Repubblica (Quartier 11 - p. 86)

DAPHNE

Cette demeure du XVIIIe s. abrite 10 chambres (dont 3 suites) au design épuré et un appartement pour 5 à 7 personnes. Personnel charmant et attentif qui aura à cœur de conseiller et de partager ses bonnes adresses.
Via degli Avignonesi, 20 (Plan D2) • ☎ 06 640 00491 • www.daphne-rome.com • De 130 à 210 €.

RESIDENZA CELLINI

Ce petit hôtel installé au 3e étage d'une belle demeure bourgeoise distille une atmosphère très XIXe s. du meilleur effet. Décoration très classique, mais qui se combine bien à un équipement moderne.
Via Modena, 5 (Plan D2)• ☎ 06 4782 5204 • www.residenzacellini.it • De 145 à 240 €.

La cité du Vatican (Quartier 12 - p. 92)

COLORS HOTEL

Coup de cœur pour cette adresse pop qui porte si bien son nom. Chambres ultra-modernes, hyper colorées et confortables, à des prix tout doux. Accueil on ne peut plus souriant. Salles cosy pour le petit-déjeuner et même deux mini-terrasses pour s'installer et savourer son café !
Via Boezio, 31 (Plan B2) • ☎ 06 6880 6505 • www.colorshotel.com • De 45 à 125 €, petit déjeuner non compris.

ORANGE HOTEL

Une pincée d'Art déco, un brin de folie pop sixties et une touche de soft design... Qui dit mieux ? Cet hôtel propose 28 chambres très originales à la décoration gaie et élégante. Lounge, restaurant, bar et terrasse avec solarium qui fonctionne toute l'année, avec vue sur le dôme de Saint-Pierre.
Via Crescenzio, 86 (Plan B2) • ☎ 06 686 8969 • www.orangehotelrome.com • De 7 0 à 280 €.

Le Trastevere (Quartier 13 - p. 102)

HÔTEL SANTA MARIA

Au cœur du Trastevere, cet ancien couvent du XVIe s. propose 20 chambres simples et confortables, toutes distribuées autour d'un patio avec orangers : une atmosphère calme et reposante. Les plus : quelques suites pour 4 à 6 personnes,

une jolie terrasse. Prêt de vélos. Parking possible sur réservation.
Vicolo del Piede, 2 (Plan G10) • ☎ 06 589 4626 • www.hotelsantamariatrastevere.it • De 100 à 239 €.

SANT'ANSELMO

Une villa de charme noyée dans la verdure et le calme de l'Aventin. Des chambres spacieuses meublées avec goût. On profite du petit déjeuner dans le jardin à la belle saison.
Piazza Sant'Anselmo, 2 (Plan C5) • ☎ 06 570 057 • www.aventinohotels.com • De 150 à 410 €.

RESIDENCE PALAZZO AL VELABRO

Des studios et des suites équipés de salle de bains et d'une petite cuisine. Décor chic contemporain et atmosphère raffinée. Café et salle de fitness.
Via del Velabro, 16 (Plan C4) • ☎ 06 679 2758 • www.velabro.it • De 150 à 340 €.

CASA DI SANTA FRANCESCA ROMANA

Les chambres de cette pension confortable s'articulent autour d'une cour agréable où les hôtes peuvent se reposer (pas de service de petit déjeuner à l'extérieur). Décoration classique pour un ensemble bien tenu et agréable. Pas de règles particulières ni de couvre-feu bien que l'établissement soit religieux.
Via dei Vascellari, 61 (Plan C4) • ☎ 06 581 2125 • www.sfromana.it/fr • De 69 à 131 €.

Le Cælius et le Latran (Quartier 16 - p. 120)

CELIO

Cet hôtel de 20 chambres surprend par son élégance et son ambiance feutrée. Le petit déjeuner peut être servi dans les chambres. L'hôtel comprend même une salle de gym, un hammam et une salle de cinéma.
Via dei Santi Quattro, 35/C (Plan D4) • ☎ 06 7049 5333• www.hotelcelio.com • De 140 à 450 € (suite avec terrasse).

Lexique

FORMULES ET MOTS USUELS

Oui : *si*
Non : *no*
Monsieur : *signore*
Madame : *signora*
Bonjour : *buongiorno*
Bonsoir : *buona sera*
Bonne nuit : *buona notte*
Au revoir : *arrivederci*
Excusez-moi : *scusi*
S'il vous plaît : *per favore*
Merci : *grazie*
Je vous en prie : *prego*
Je ne comprends pas : *non capisco*
Puis-je voir ? : *posso vedere ?*
Combien coûte ? : *quanto costa ?*
Ouvert : *aperto*
Fermé : *chiuso*
À droite : *a destra*
À gauche : *a sinistra*

TEMPORALITÉ

Lundi : *lunedì*
Mardi : *martedì*
Mercredi : *mercoledì*
Jeudi : *giovedì*
Vendredi : *venerdì*
Samedi : *sabato*
Dimanche : *domenica*
Aujourd'hui : *oggi*
Hier : *ieri*
Demain : *domani*
Le matin : *la mattina*
Le soir : *la sera*

À LA GARE ET À L'AÉROPORT

Un billet pour... : *un biglietto per...*
À quelle heure part... ? : *a che ora parte... ?*
Arrêt : *fermata*
Bagages : *bagagli*
Consigne : *deposito*
Gare : *stazione*
Horaire : *orario*
Quai : *binario*

À L'HÔTEL

Hôtel : *albergo*
Je désire une chambre : *vorrei una camera*
À un lit, à deux lits : *a un letto, a due letti*
Chambre avec salle de bains : *camera con bagno*
Quel est le prix ? : *qual è il prezzo ?*
Petit déjeuner : *colazione*

À TABLE

Addition : *conto*
Bière : *birra*
Café : *caffè*
Café allongé : *caffè lungo*
Café crème : *cappuccino*
Chocolat : *cioccolata (in tazza)*
Couverts : *coperto*
Eau : *acqua*
Eau gazeuse : *acqua frizzante*
Fromage : *formaggio*
Fruits : *frutta*
Gâteau : *dolce*
Glace : *gelato*
Hors-d'œuvre : *antipasti*
Jus de fruit : *succo di frutta*
Menu : *carta, lista*
Moutarde : *senape*
Pain : *pane*
Pâtes : *pasta*
Poisson : *pesce*
Salade : *insalata*
Sel : *sale*
Sucre : *zucchero*
Thé : *tè*
Veau : *vitello*
Verre : *bicchiere*

SHOPPING

Bijou : *gioiello*
Bon marché : *a buon mercato*
Boutique : *negozio, boutique*
Chaussures : *scarpe*
Cher : *caro*
Lingerie : *intimo*
Livre : *libro*
Payer : *pagare*
Pointure : *numero*
Prix : *prezzo*
Rabais : *sconto*
Retouche : *riparazione*
Solde : *saldi, liquidazione*
Ticket de caisse : *scontrino*

URGENCES

Antiseptique : *antisettico*
Aspirine : *aspirina*
Comprimés : *compresse*
Hôpital : *ospedale*
Médecin : *medico*
Police : *polizia*

LES VOYELLES

e n'est jamais muet, même en fin de mot.
u se prononce ou, même après g et q.

LES CONSONNES

c et g se prononcent comme en français devant a, o et u.
Mais : ce = tché ; ci = tchi.
cia = tcha ; cio = tcho.
che = ké ; chi = ki.
chia = kia ; chio = kio ; chiu = kiou.
ge = dgé ; gi = dgi ; gio = djo ; giu = djou.
ghi = gui ; ghe = gué ; ghia = guia ; ghio = guio ; ghiu = guiou.
gli = li (mouillé) ; glie = lyé ; glia = lya ; glio = lyo ; gliu = lyou.
sce = ché ; sci = chi (sc devant a, o et u = sk) ; schi = ski ; sche = ské ; sciu = chou.

Index

CRÉDITS PHOTOGRAPHIQUES

Intérieur

Romain Boutillier : p. 29, 32 (ht), 81, 110, 142, 176, 194, 201.

Maurizio Camagna : p. 137.

Dominique Chauvet : p. 12 (b. d.).

Elena Frisone : p. 3 (ht g.).

Sergio Gatto : p. 12 (ht g.).

Patrice Hauser : p. 5 (ht g., b. g.), 6 (c. d.), 21, 27, 32 (b.), 40, 42, 45, 47, 49, 53, 55, 59, 66, 83, 84 (ht, b.), 89, 109, 115, 121, 127, 135, 153, 168, 175, 185, 188, 199.

Géraldine Péron : p. 50.

Rossella Santosuosso : p. 13 (ht g.).

Yoann Stoeckel : p. 1, 2, 3 (b. d.), 4 (b. g.), 6 (ht g., b. g.), 7 (ht d., c. g.), 8, 9 (ht g., c. d., b. g.), 11 (ht g., c. d.), 14 (ht d.), 23, 37 (ht, b.), 43, 46, 56, 57, 60, 61, 63, 65, 68, 69, 73, 75, 85, 87, 88, 90, 94, 95, 97, 101, 104, 105, 111, 112, 117, 118 (b.), 123, 125, 129, 130, 131 (b. d.), 132, 136, 140, 143, 144, 146, 151, 152, 154, 155, 159, 160, 161, 162, 163, 169, 171, 183, 187, 189, 190, 192, 193, 195, 196 206, 207.

Lucie Tournebize : p. 7 (b. d.), 10 (ht g., c. d.), 11 (b. g.), 106, 107, 118 (ht), 131 (ht g.), 139, 149, 157, 170, 197.

Adobe Stock : nicomax : p. 25.

Hemis : José Nicolas : p. 15 ; Anna Serrano : p. 16 ; Travel Collection : p. 17 (b.) ; Sylvain Sonnet : p. 39 ; René Mattes : p. 51 ; Anna Serrano p. 71 et p. 116.

AGE Fotostock : Stefano Paterna / Novarc Images : p. 17 (ht).

Shutterstock : lapas77 : p. 4 (ht) ; Matyas Rehak : p. 5 (c. d.) ; Giordano Cantone : p. 13 (b. d.) ; Kinney : p. 14 (b. g.) ; Jaione_Garcia : p. 34 ; futureGalore : p. 48 ; gdvcom : p. 79 ; starryvoyage : p. 93 ; Shiler : p. 98 ; Heracles Kritikos : p. 99 ; Catarina Belova : p. 103 ; Olga Serdyukova Italia : p. 155 ; ventdusud : p. 164.

Auditorium Parco della Musica : Musacchio/Ianniello / © projet Renzo Piano Building Workshop : p. 166.

MACRO : Yoann Stoeckel / © Odile Decq & Benoît Cornette, MACRO contemporary art museum / Adagp, Paris, 2019 : p. 77.

MAXXI : Yoann Stoeckel / © Museum of XXI Century Arts by Zaha Hadid Architects : p. 67.

Necci dal 1924 : Alessandro di Lorenzo / Massimo Innocenti : p. 181.

Rosti : p. 10 (b. g.).

Blackmarket Hall Rione Monti : Lara Ferrara : p. 167.

Couverture

Plat 1 : visuel principal : © Sborisov /Adobe Stock.

Plat 1 : visuel bas : © kbarzycki / Adobe Stock.

Plat 4 : © Yoann Stoeckel.

Dernière édition revue et enrichie par **Lucie Tournebize**.
Éditions antérieures revues et augmentées par **Nedjma Van Egmond**, **Céline Faucon** et **Sandrine Rabardeau**.
Édition originale établie par **Domitilla Cavalletti**, avec la collaboration de **Betty der Andreassia** et **Anne Lebœrff**.

Direction : Sidonie Chollet
Direction éditoriale : Cécile Petiau
Édition : Marine Barbier-Blin, Camille Dupont, Émilie Lézénès, Géraldine Péron, Adam Stambul, Julie Wood
Suivi éditorial : Isabelle Guilhamon
A également collaboré à cet ouvrage : Marella Barbera
Cartographie : Frédéric Clémençon, Aurélie Huot
Fabrication : Liza Sacco

Conception graphique de la couverture et de la maquette intérieure :
Caroline Joubert • www.atelier-du-livre.fr

Contact presse : rmazef@hachette-livre.fr

Contact partenariat et publicité : partenariat-tourisme@hachette-livre.fr

Aussi soigneusement qu'il ait été établi, ce guide n'est pas à l'abri des changements de dernière heure, d'erreurs ou omissions. Ne manquez pas de nous faire part de vos remarques. Informez-nous aussi de vos découvertes personnelles, nous accordons la plus grande importance au courrier de nos lecteurs :
Guides Un grand week-end - Hachette Tourisme - 58, rue Jean-Bleuzen, 92 170 Vanves.
weekend@hachette-livre.fr
Facebook @GuidesUnGrandWeekend • **Instagram** @ungrandweekend • **Twitter** @ungrandweekenda

Édité par Hachette Livre (58, rue Jean-Bleuzen, CS 70007, 92 178 Vanves Cedex)
Imprimé par Polygraf (Capajevova 44, 08199 Presov, Slovaquie)
Achevé d'imprimer : févier 2021
ISBN : 978-2-01-710702-6 - 88-9671-5
Dépôt légal mars 2021 - Collection n° 44 - Édition : 01